ENGLISH SENTENCE BUILDERS

For Spanish Speakers

A lexicogrammar approach
Beginner to Pre-Intermediate

Un enfoque léxico-gramatical
De principiante a pre-intermedio

ISBN: 9783949651649

Impreso por: The Language Gym

Editado por:
Jaume Llorens y Natasha Viñales

Dedicatoria

Para Catrina
-Gianfranco

Para Ariella & Leonard
-Dylan

Para Inaya
-Nadim

Para mi hijo Ethan y mi hija Aitana
-Leticia

Sobre los autores

Gianfranco Conti enseñó durante 25 años en Italia, el Reino Unido y Kuala Lumpur, Malasia. También fue profesor universitario con un máster en lingüística aplicada y un doctorado en estrategias metacognitivas aplicadas a la escritura en segunda lengua. Ahora es autor, consultor pedagógico independiente y proveedor de desarrollo profesional. Publicó alrededor de 2.000 recursos en el sitio web de TES, que le otorgó el premio al mejor contribuyente de recursos en el 2015. Es coautor de los libros superventas *The Language Teacher Toolkit*, *Breaking The Sound Barrier: Teaching Learners How To Listen*, y *Memory: What Every Language Teacher Should know*, que han sido muy influyentes para profesores de lenguas en todo el mundo, y en los que destaca su pedagogía «Listening As Modelling». Gianfranco es el fundador del sitio web interactivo «Language-gym.com» y del grupo profesional «Global Innovative Language Teachers» (GILT) en Facebook. Por último, pero no menos importante, Gianfranco ha creado el enfoque pedagógico ETI (Enseñanza a través del Tratamiento Intensivo) conocido como EPI (Extensive Processing Instruction), que demuestra que un enfoque léxico-gramatical para el aprendizaje de una segunda lengua es más eficaz.

Dylan Viñales ha enseñado durante 15 años en Bath, Pekín y Kuala Lumpur, en escuelas públicas, privadas e internacionales. Vive en Kuala Lumpur. Habla con fluidez cinco idiomas y se desenvuelve en varios más. Dylan es también proveedor de desarrollo profesional, especializado en ETI, metacognición, enseñanza de idiomas a través de la música (incluyendo el ukelele) y las ciencias cognitivas. Durante los últimos cinco años, junto con el Dr. Conti, ha dirigido la implementación de la ETI en la Garden International School, una de las mejores escuelas internacionales del mundo. Esto le ha permitido poner a prueba a diario las secuencias y actividades incluidas en este cuaderno de ejercicios, con excelentes resultados: sus alumnos han ganado concursos de idiomas tanto a nivel local como internacional. Diseñó un programa original de español, basado en la lectura (RAM: Reading As Modelling) y la escucha (LAM: Listening As Modelling), conceptos pilares de la ETI. Dylan cofundó el grupo de desarrollo profesional para profesores de idiomas modernos en Facebook «Global Innovative Language Teachers», que incluye a más de 14.000 profesores de todo el mundo. Es autor de un influyente blog en la pedagogía de las lenguas vivas, en el que apoya la enseñanza de las lenguas a través de la ETI y el enfoque lexico-gramatical. Dylan es el principal autor del contenido en español del sitio web «Language-Gym.com» y supervisa el desarrollo del sitio.

Leticia Veiga ha enseñado durante 20 años en colegios del Reino Unido y España. Habla español, gallego e inglés y también se defiende en italiano y portugués. Leticia es madre de dos niños increíbles y está orgullosa de que estén siguiendo sus pasos en el deporte. Le encanta conocer a gente nueva, viajar y aprender sobre diferentes culturas, así como enseñar sobre la cultura española y gallega por igual. Ella implementó el método EPI (Extensive Processing Instruction) en un colegio con muy buena reputación en Leicester y ha animado a sus compañeros a implementarlo también en varios otros colegios, siempre con resultados muy positivos.

Agradecimientos

En primer lugar, a Nadim le gustaría dar las gracias a su esposa, Roksana, por su ayuda y apoyo y, aún más, por ser una gran compañera. Adaptar este libro ha sido una experiencia enriquecedora y Nadim quiere agradecer a Gianfranco y Dylan que le hayan dado total confianza en este proyecto.

Nadim también agradece a Olga Núñez Santoveña su participación en la revisión del prefacio con sus conocimientos pedagógicos de la ETI y su comprensión de nuestro enfoque léxico-gramatical.

A Leticia le gustaría agradecer a su familia todo el apoyo que le han dado y a su amiga Cristina por escucharla y creer en el método EPI. También le gustaría agradecer a María Cuadrado el fantástico artículo que escribió en el periódico sobre EPI.

Muchas gracias a Martin Lapworth, fundador del sitio interactivo www.sentencebuilders.com, por sus valiosos consejos y por su asistencia en el desarrollo de los *Sentence Builders* y partes de este libro.

Nuestro más sincero agradecimiento a Tom Ball y a todo el equipo de Idiomas en Garden International School. Su apoyo nos permitió crear un entorno de trabajo de clase mundial, donde fue posible sentar las bases de la ETI y producir el banco de *Sentence Builders* que forman la base de este libro.

Finalmente, un gran agradecimiento a nuestro talentoso editor, Jaume Llorens. En cada trabajo de edición que realiza, Jaume siempre supera las expectativas. Es un gran lingüista con un excelente ojo para los detalles que siempre aporta una importante y visible cantidad de valor a cada proyecto en el que trabaja. Gracias por todos tus esfuerzos en la realización de este libro.

Introducción

Hola y bienvenidos a la primera edición de nuestro libro diseñado para guiar, acompañar y consolidar el aprendizaje del idioma inglés a través de nuestra pedagogía, EPI: *Extensive Processing Instruction*, o, en español, ETI: Enseñanza a través del Tratamiento Intensivo. Este libro fue diseñado por necesidad porque hasta la fecha no hay material similar a este. ¡Esperamos que disfrutes aprendiendo inglés con nuestra pedagogía!

Cómo utilizar este libro si adoptas la ETI

Este libro fue diseñado originalmente como un recurso para ser utilizado junto con nuestra pedagogía ETI. Nuestra estrategia pedagógica consiste en priorizar una mayor exposición al input, organizar y presentar el contenido lingüístico según sus funciones comunicativas, y enfatizar la lectura y la comprensión oral cómo métodos para practicar el nuevo contenido lingüístico con el objetivo de comunicarse. Por tanto, el objetivo de este libro es dar a los estudiantes (principiantes a pre-intermedios) las herramientas lingüísticas -estructuras recurrentes y vocabulario de alta frecuencia- útiles para la comunicación en la vida real. En las unidades de trabajo basadas en la ETI, la práctica de la comprensión y la producción oral desempeña un papel importante.

Este libro no debe ser considerado como el manual definitivo de la ETI, sino más bien como un recurso útil para complementar las actividades de comprensión y producción oral.

***Sentence Builders* – Versiones en línea**

Todos los *Sentence Builders* están disponibles en versiones bilingües y en inglés en los sitios web www.language-gym.com y www.sentencebuilders.com. Los *Sentence Builders* se pueden descargar y editar, y están optimizados para su visualización en clase. Se pueden encontrar en la sección Locker Room (disponible con la suscripción a www.language-gym.com) y en la sección española de www.sentencebuilders.com (también con suscripción).

Cómo utilizar este libro si no conoces o no usas el ETI

Alternativamente, puede utilizar este libro como una fuente de material para las clases. Mientras que nuestro programa se centra en funciones comunicativas en lugar de temas, hemos integrado deliberadamente las construcciones esenciales con los diferentes temas que se encuentran comúnmente en los libros de texto para una segunda lengua.

Si quieres saber más sobre la ETI, puedes leer los blogs de los autores. Recomendamos el artículo "Patterns First - How I learn lexicogrammar", publicado por el Dr. Conti en su blog (www.gianfrancoconti.com). En el sitio web de Dylan (www.mrvinalesmfl.wordpress.com) hay diferentes artículos, por ejemplo "Using Sentence Builders to Reduce (Everyone's) Workload and Create more Fluent Linguists" que se pueden leer para obtener ideas pedagógicas y aprender a estructurar clases basadas en la ETI.
Finalmente, el libro *Breaking The Sound Barrier: Teaching Learners How To Listen* de Gianfranco Conti y Steve Smith ofrece una descripción detallada de nuestro enfoque y de las actividades de comprensión oral que se pueden utilizar junto con este libro.

La estructura básica de este libro

Este libro contiene 10 unidades, cada una relacionada con una función comunicativa específica, como «Decir de dónde soy y dónde vivo» o «Hablar de las mascotas». La tabla de contenidos indica la función comunicativa de cada unidad.

Cada unidad incluye:

- Un *Sentence Builder* que presenta el léxico y las estructuras clave.
- Actividades de vocabulario que refuerzan el contenido del *Sentence Builder*.
- Un conjunto de «lecturas con lupa» (Narrow Reading), junto con una serie de ejercicios de comprensión escrita, que trabajan también las estructuras lingüísticas presentadas en los textos.
- Ejercicios de traducción para consolidar y practicar las funciones comunicativas.
- Ejercicios de escritura para practicar las habilidades de redacción, la ortografía, la gramática y la sintaxis.

El *Sentence Builder* al principio de cada unidad contiene estructuras seleccionadas por su frecuencia y utilidad en las situaciones comunicativas de la vida real. Cada unidad está estructurada alrededor de estas construcciones, pero no se limita a ellas. Basándonos en el principio de que cada secuencia pedagógica ETI debe pasar de la presentación a la producción de una manera fluida y orgánica, cada unidad integra gradualmente el material del *Sentence Builder* en los textos y los ejercicios. Los textos y ejercicios, a su vez, contienen vocabulario y estructuras tanto familiares como no familiares, pero comprensibles y fáciles de aprender. Gracias a un proceso intensivo de reciclaje y asimilación, en cada unidad el estudiante tiene muchas oportunidades para practicar el nuevo vocabulario y las nuevas estructuras lingüísticas junto con el material de las unidades anteriores.

En cada unidad también encontrarás:

- Una sección de gramática: una o dos páginas de actividades que se centran explícitamente en las estructuras gramaticales clave que soportan y refuerzan el contenido del *Sentence Builder*. En este libro, las actividades de gramática están especialmente orientadas a la conjugación de los verbos clave y al uso de las preposiciones. Estas secciones de gramática reciclan los mismos verbos varias veces, revisándolos a intervalos regulares y en contextos lingüísticos diferentes.
- Una sección sobre la comprensión y el uso de los interrogativos. Esta sección también se repite regularmente a lo largo del libro, para revisar los mismos modelos de preguntas en diferentes contextos lingüísticos.
- Revisiones rápidas: ejercicios que aparecen a intervalos regulares para revisar el vocabulario aprendido previamente.
- Gramática rápida: pequeñas secciones que explican algunos aspectos gramaticales del inglés desde el punto de vista de la lengua española.
- Autoevaluaciones. Incluidas al final del libro. Hay una sección para los estudiantes menos seguros y otra para los estudiantes más seguros.

El objetivo de estos módulos es implementar un sistema de reciclaje e intercalación sistemática, dos técnicas que permiten una retención y transferencia más eficientes en el aprendizaje de una segunda lengua.

Nuestro principal objetivo: aprender inglés

1) **El objetivo** de este libro es dar a los estudiantes todas las herramientas necesarias para aprender inglés y para comunicarse en inglés con confianza. Por tanto, en este libro hay un número limitado de ilustraciones (solo en las páginas introductorias de cada unidad), ya que queremos que cada aspecto de este libro sea útil y hemos priorizado el contenido lingüístico sobre el aspecto visual. Por otro lado, hemos tenido en cuenta tanto el reciclaje como la intercalación de las unidades lingüísticas, para revisar regularmente el léxico, las estructuras y la gramática, y para mejorar exponencialmente la retención del idioma entre los estudiantes.

2) **Escuchar**, a través de muestras lingüísticas, es una parte esencial de la ETI. También se publicará un cuaderno complementario con actividades de comprensión oral (Narrow Listening) para las 10 unidades, siguiendo el contenido de este libro.

3) **El contenido** de este libro, a su vez, se corresponde al contenido del sitio web *SentenceBuilders.com*. En este sitio existen juegos y actividades que promueven el reciclaje y la consolidación de las funciones comunicativas clave de cada unidad.

Todos los juegos están disponibles en nuestras plataformas (www.language-gym.com y www.sentencebuilders.com).

4) Este libro es adecuado para estudiantes de nivel principiante a pre-intermedio. Esto equivale a los niveles CEFR A1-A2, o, en el sistema británico, a un curso de principiante de tercer grado (Y6-Y8). No es necesario empezar por el principio del libro ni seguir las unidades en orden, pero trabajar en el orden en que presentamos las unidades es beneficioso para aprovechar nuestro sistema de revisión y para beneficiarse de las estrategias específicas de reciclaje e intercalación.

Esperamos que tanto los profesores como los estudiantes encontréis este manual útil y agradable.

Gianfranco, Dylan, Nadim y Leticia

TABLA DE CONTENIDOS

UNIDAD 1
Hablar de mi edad

En esta unidad aprenderás:

- Cómo decir tu nombre y tu edad
- Cómo decir el nombre y la edad de otra persona
- Cómo contar del 1 al 16
- Una variedad de nombres ingleses comunes
- Las palabras para «hermano» y «hermana»

I am fifteen years old.

I am ten years old.

I am two years old.

I am six years old.

UNIDAD 1
Hablar de mi edad

My name is *Me llamo*	**Abigail** **Albert** **Anthony** **Brenda** **Charles** **Dylan** **Elizabeth** **Emily** **Frank** **Jack** **Jane** **Mary** **Max** **Paul** **Ruth** **Sarah** **Tristan**	**and** *y*	**I am** *tengo*	**one** 1	**year old** *año*
My brother's name is *Mi hermano se llama* **His name is** *(Él) Se llama* **My sister's name is** *Mi hermana se llama* **Her name is** *(Ella) Se llama*			**he/she is*** *él/ella* *tiene*	**two** 2 **three** 3 **four** 4 **five** 5 **six** 6 **seven** 7 **eight** 8 **nine** 9 **ten** 10 **eleven** 11 **twelve** 12 **thirteen** 13 **fourteen** 14 **fifteen** 15 **sixteen** 16	**years old** *años*

Nota del autor:

En español, se utiliza el verbo tener *(to have)* **para hablar de la edad. Sin embargo en inglés, utilizamos el verbo** *to be.*
Por ejemplo: "Tengo cuatro años" no se traduce *I have four years*, **sino** *I am four years old.*

Unidad 1. Hablar de mi edad: VOCABULARIO

1. Une

seven years	un año
four years	dos años
five years	tres años
six years	cuatro años
eleven years	cinco años
ten years	seis años
twelve years	siete años
nine years	ocho años
two years	nueve años
eight years	diez años
one year	once años
three years	doce años

2. Completa con la palabra que falta

a. I am ____________ years old. *Tengo catorce años.*

b. My _____________ is Angie. *Me llamo Angie.*

c. His _____________ is Dennis. *Se llama Dennis.*

d. He _______ two years old. *Él tiene dos años.*

e. I am ______ years old. *Tengo cuatro años.*

f. __________ name is Anne. *Me llamo Anne.*

four	name	is
My	fourteen	name

3. Traduce al español

a. I am three.

b. I am five.

c. I am eleven.

d. He is fifteen.

e. She is thirteen.

f. He is seven.

g. My brother

h. My sister

i. Her name is

4. Completa

a. My _______ *is Me llamo*

b. His _______ is *Se llama*

c. My _______ *Mi hermana*

d. Fif_______ *Quince*

e. Six_______ *Dieciséis*

f. Thi_______ *Trece*

g. Ni_______ *Nueve*

h. Four______ *Catorce*

i. Tw_______ *Doce*

5 Clasifica a las personas de mayor a menor edad, como se muestra en el ejemplo

Michael is fifteen.	**1**
Marie is thirteen.	
Francis is two.	
Paul is four.	
Alexandre is one.	
Roseline is five.	
Anne is nine.	
Martine is three.	

6. Para cada pareja, escribe quién es el mayor, como se muestra en el ejemplo

A	B	OLDER
I am eleven.	I am thirteen.	**B**
I am three.	I am sixteen.	
I am two.	I am twelve.	
I am fifteen.	I am thirteen.	
I am fourteen.	I am eleven.	
I am eight.	I am nine.	
I am eleven.	I am seven.	

Unidad 1. Hablar de mi edad: LECTURA

My name is Nico. I am Argentinian. I am twelve years old, and I live in Buenos Aires, the capital of Argentina. I have a brother and his name is Antonio. Antonio is fourteen. My sister's name is Amelia, and she is seven years old.

My name is Ramón. I am Spanish. I am ten years old, and I live in Madrid, the capital of Spain. I have a sister and her name is Barbara. I also have a brother and his name is Paco. Barbara is five years old. Paco is nine years old. I have a dog who is called Perrito.

My name is Marco. I am Italian. I am thirteen years old, and I live in Rome, the capital of Italy. I have a brother and his name is Gian. Gian is fifteen. I also have a little sister, her name is Simona. She is ten.

My name is Marine. I am French. I am ten years old, and I live in Paris, the capital of France. I have a sister and her name is Fabienne. Fabienne is eleven. I also have a brother and his name is Pierre. Pierre is eight.

1. Encuentra el inglés para los siguientes términos en el texto de Nico

a. Soy argentino.

b. Me llamo

c. La capital de

d. En Buenos Aires

e. Se llama Antonio.

f. Tengo 12 años.

g. Catorce

h. Tengo un hermano.

2. Responde a las siguientes preguntas sobre Ramón

a. ¿Cuál es su nacionalidad?

b. ¿Cuántos años tiene?

c. ¿Dónde vive?

d. ¿Cuántos hermanos y hermanas tiene?

e. ¿Cómo se llaman y cuántos años tienen?

My name is Hans. I am German. I am fourteen and I live in Berlin, Germany. I have an older brother and his name is Jonas. I also have a younger brother and his name is Leon. Jonas is sixteen years old, and Leon is fifteen years old. I also have a cat, Arlo.

3. Completa la tabla

	Edad	Nacionalidad	El número de hermanos/as	Su edad
Marco				
Nico				
Ramón				

My name is Kaori. I am Japanese. I am seven years old, and I live in Tokyo, the capital of Japan. I have a sister and her name is Yoko. Yoko is thirteen years old. I also have a brother and his name is Hiroto. Hiroto is ten years old.

4. ¿Hans, Kaori o Marine?

a. ¿Quién es de Alemania?

b. ¿Quién tiene una hermana de once años?

c. ¿Quién tiene siete años?

d. ¿Quién tiene un hermano de dieciséis años?

e. ¿Quién tiene un hermano de diez años?

Unidad 1. Hablar de mi edad: TRADUCCIÓN

1. Traducción incorrecta: corrige (en español) los errores de traducción.
Atención, ¡no son todos falsos!

a. Her name is Patricia. *Me llamo Patricia.*

b. I have two brothers. *Tengo dos hermanas.*

c. My name is Martin. *Me llamo Martin.*

d. He is five. *Ella tiene cinco años.*

e. I am five. *Tengo quince años.*

f. She is seven. *Ella tiene ocho años.*

g. I do not have a sister. *No tengo un hermano.*

h. I am seventeen. *Tengo diecisiete años.*

i. I am thirteen. *Tengo doce años.*

j. My name is John. *Se llama John.*

2. Traduce al español

a. My brother's name is John.

b. I am fifteen years old.

c. My brother is six years old.

d. My sister's name is Alice.

e. I am seven years old.

f. I live in Birmingham.

g. My sister is fourteen years old.

h. I have a brother and a sister.

i. Mary is twelve years old.

j. Anne is nine years old.

3. Traduce al inglés

a. Me llamo Paul. Tengo seis años.

b. Mi hermano tiene 15 años.

c. Tengo 12 años.

d. Mi hermana se llama Anne.

e. Tengo 14 años.

f. Tengo un hermano y una hermana.

g. Mi hermano se llama Philip y tiene catorce años.

h. Me llamo Gabriel y tengo once años.

i. Me llamo Alfie. Tengo diez años. Tengo un hermano y una hermana.

j. Mi hermana se llama Lara. Tiene 12 años.

Unidad 1. Hablar de mi edad: ESCRITURA

1. Completa las palabras

a. M________ n________________ is Paul.

b. I a________ fourt______________.

c. I h________ a s________________.

d. My b____________'s n_________ is Ian.

e. My n_____________ i___________ Mark.

f. My brother's n___________ i_ John.

g. I a________ thi__________ years old.

h. My s_____________'s n_________ is Anna.

2. Escribe los números en inglés

a. Nueve N________________

b. Siete S________________

c. Doce T________________

d. Cinco F________________

e. Catorce F________________

f. Seis S________________

g. Trece T________________

h. Cuatro F________________

3. Encuentra y corrige los errores de ortografía

a. My nam is Paul.

b. I am theerteen.

c. My bother is five.

d. My seester's nem is Sarah.

e. Me name is Richard.

f. My sister'z name is Kerry.

4. Completa con una palabra adecuada

a. My sister ________ two.

b. ____ brother is fifteen.

c. My _______ is Max.

d. I have a __________.

e. My______________ is 15.

f. My ______________ is 11.

g. His _____________is Ian.

h. My sister ________ 12.

5. Escritura guiada: escribe 4 párrafos en la primera persona del singular (yo), describiendo a cada una de estas personas

	Edad	Dónde vives	Nombre de tu hermano y su edad	Nombre de tu hermana y su edad
Samuel	12	Buenos Aires	Gonzalo 9	Anna 8
Laura	15	Madrid	Jaime 13	Valentina 5
Michael	11	Berlin	Thomas 7	Gerda 12
Kyoko	10	Osaka	Minato 6	Himari 1

6. Describe a esta persona en la tercera persona del singular (él)

Nombre: Joseph

Edad: 12 años

Dónde vive: Southampton

Hermano: Ian, 13 años

Hermana: Eve, 15 años

GRAMÁTICA RÁPIDA

Diferencias entre *to have* (tener) y *to be* (ser)

En español, se utiliza el verbo **tener (to have)** para hablar de la edad, mientras que en inglés se utiliza el verbo **to be (ser)**.

Por ejemplo:
"Tengo doce años" se traduce, palabra por palabra, *I have twelve years*, **que es incorrecto.**

¡Cuidado!

En inglés hay que decir y escribir:
I am twelve years old, o simplemente **I am twelve**, que se traduce literalmente como "Soy doce años viejo" o "Soy doce".

¿Cuál es la fórmula mágica?
TO BE + número + years old.
Recuerda que el uso de *years old* es opcional, pero preferible.

¡Consejo!

Para recordar que hay que usar *to be* en lugar de *to have*, puedes usar un español... dudoso.

Por ejemplo:
I am twelve years old (TO BE + número + years old) se traduciría en español dudoso "Soy doce años".

He is seven years old (TO BE + número + years old) se traduciría en español dudoso "Él es siete años".

¡Completa los ejercicios a continuación para practicar tu inglés (y tu español dudoso)!

Dato curioso: En nuestro equipo de pingüinos en Language Gym, el "español dudoso" se llama *Dodgy Spanish.*

1. Traduce las siguientes frases del español dudoso al inglés

a. Soy cinco años viejo.

b. Soy siete años viejo.

c. Soy nueve años viejo.

d. Soy doce años viejo.

e. Soy catorce años viejo.

f. Es tres años viejo.

g. Es seis años viejo.

2. Encuentra y corrige los errores

a. My name is John. I have seven years old.

b. His name is Paul. He has two years old.

c. Her name is Jacky. She has five years old.

d. His sister's name is Sian. She has five.

e. My brother's name has Jack. He is three.

f. My cousin's name is Alice. She has ten.

g. My name is Jake. I have twelve years old.

3. Traduce al inglés. ¡Recuerda! Utiliza el verbo *to be*

a. Tengo tres años.
b. Tiene cinco años.
c. Tengo siete años.
d. Tiene nueve años.
e. Tengo once años.
f. Tengo trece años.
g. Tiene quince años.
h. Tiene un año.
i. Tiene dos años.
j. Tiene cuatro años.
k. Tengo seis años.
l. Tiene ocho años.

Ni serpientes ni escaleras

SALIDA	1 Buenos días	2 Me llamo	3 Me llamo Anthony	4 Mi hermano se llama	5 Mi hermana se llama	6 Tengo once años	7 y
15 La capital de	14 Tengo una hermana	13 Tengo un hermano	12 Se llama Patricia	11 Rosemary tiene cinco años	10 Mi hermano tiene catorce años	9 Tiene nueve años	8 Tiene trece años
16 Me llamo Joseph	17 Tengo dos hermanos	18 Mi hermano tiene cinco años	19 No tengo una hermana	20 Vivo en Tokio	21 Tengo doce años	22 Se llama John	23 Mi hermano tiene 15 años
LLEGADA	30 Tengo un hermano y una hermana	29 No tengo un hermano	28 Mary tiene siete años	27 Mi hermana tiene 4 años	26 Se llama Adam	25 Tiene un año	24 Mi hermana se llama Kerry

Ni serpientes ni escaleras

SALIDA	1 Good morning	2 My name is	3 My name is Anthony	4 My brother's name is	5 My sister's name is	6 I am eleven years old	7 and
15 The capital of	14 I have one sister	13 I have one brother	12 Her name is Patricia	11 Rosemary is five years old	10 My brother is fourteen years old	9 He/She is nine years old	8 He/She is thirteen years old
16 My name is Joseph	17 I have two siblings	18 My brother is five years old	19 I do not have a sister	20 I live in Tokyo	21 I am twelve years old	22 His name is John	23 My brother is fifteen years old
LLEGADA	30 I have a brother and a sister	29 I do not have a brother	28 Mary is seven years old	27 My sister is four years old	26 His name is Adam	25 He/She is one year old	24 My sister's name is Kerry

Unidad 1. Hablar de mi edad: HABLAR

Traduce cada paso de la pirámide en voz alta con tu pareja. Cuando termines, escribe la traducción en las casillas de abajo.

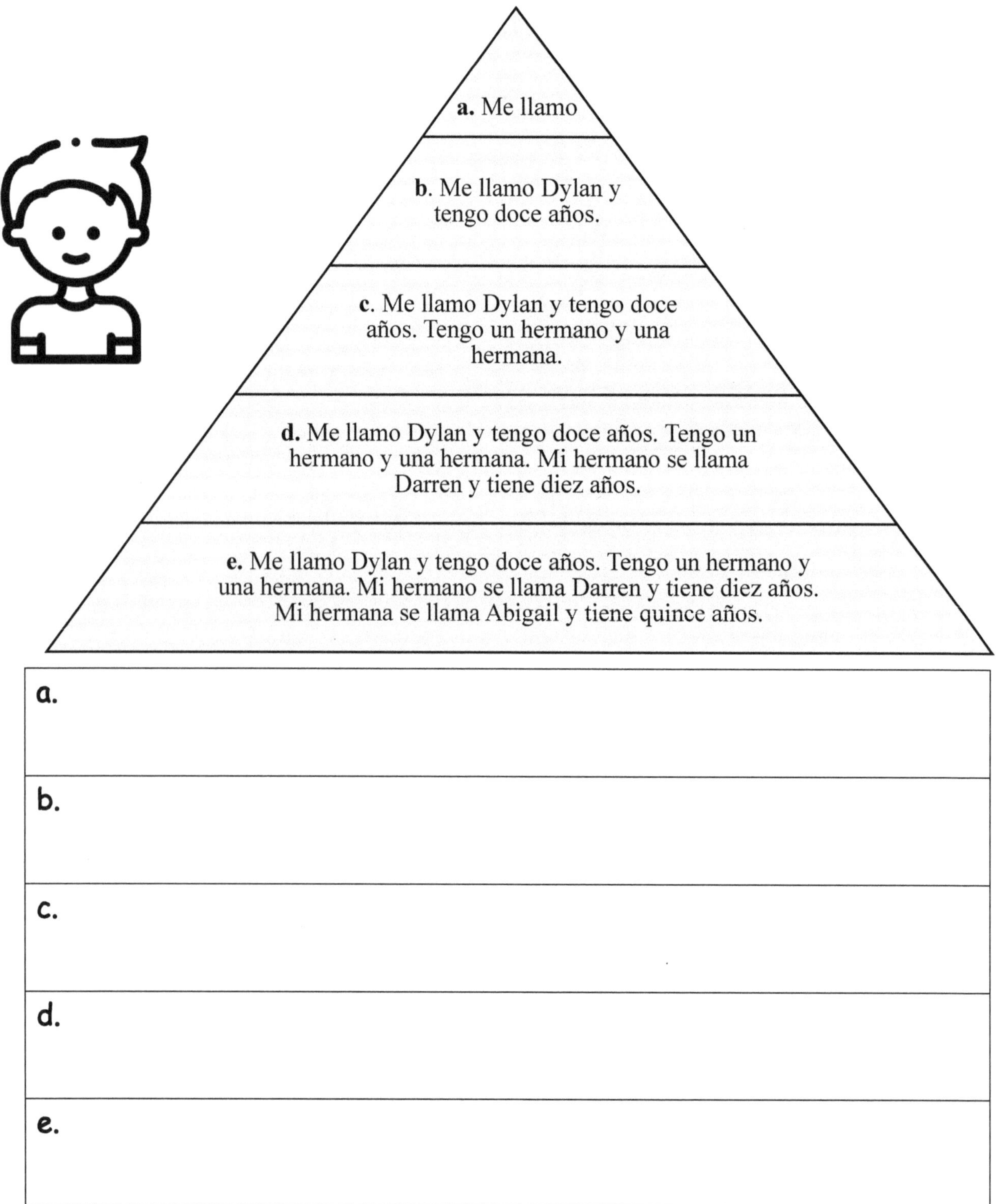

Unidad 1. Hablar de mi edad

Unidad 1. Hablar de mi edad: VOCABULARIO (Página 3)

1. Une

one year – un año **two years** – dos años **three years** – tres años **four years** – cuatro años
five years – cinco años **six years** – seis años **seven years** – siete años **eight years** – ocho años
nine years – nueve años **ten years** – diez años ns **eleven years** – once años **twelve years** – doce años

2. Completa con la palabra que falta

a. I am **fourteen** years old. b. My **name** is Angie. c. His **name** is Dennis.
d. He **is** two years old. e. I am **four** years old. f. **My** name is Anne.

3. Traduce al español

a. Tengo 3 años. b. Tengo 5 años. c. Tengo 11 años. d. (Él) Tiene 15 años. e. (Ella) Tiene 13 años.
f. (Él) Tiene 7 años. g. Mi hermano h. Mi hermana i. (Ella) Se llama

4. Completa

a. My **name** is b. His **name** is c. My **sister** d. Fif**teen** e. Six**teen** f. Thi**rteen** g. Ni**ne** h. Four**teen** i. Twe**lve**

5. Clasifica a las personas de mayor a menor edad

1, 2, 7, 5, 8, 4, 3, 6

6. Para cada pareja, escribe quién es el mayor

B – B – B – A – A – B – A

Unidad 1. Hablar de mi edad: LECTURA (Página 4)

1. Encuentra el inglés para los siguientes términos en el texto de Nico

a. I am Argentinian. b. My name is c. The capital of d. In Buenos Aires e. His name is Antonio.
f. I am twelve years old. g. Fourteen h. I have a brother.

2. Responde a las siguientes preguntas sobre Ramón

a. Español b. 10 años c. Madrid d. Tiene un hermano y una hermana. e. Barbara tiene 5 años y Paco tiene 9 años.

3. Completa la tabla

Marco: **Edad** 13 **Nacionalidad** Italiano **Hermanos/as** 1 hermano y 1 hermana **Su edad** 15 años y 10 años
Nico: **Edad** 12 **Nacionalidad** Argentino **Hermanos/as** 1 hermano y 1hermana **Su edad** 14 años y 7 años
Ramón: **Edad** 10 **Nacionalidad** Español **Hermanos/as** 1 hermana y 1hermano **Su edad** 5 años y 9 años

4. Hans, Kaori o Marine?

a. Hans b. Marine c. Kaori d. Hans e. Kaori

Unidad 1. Hablar de mi edad: TRADUCCIÓN (Página 5)

1. Traducción incorrecta

a. **Se llama** Patricia. b. Tengo dos **hermanos.** c. – d. **Él** tiene 5 años. e. Tengo **cinco** años.
f. Ella tiene **siete** años. g. No tengo una **hermana**. h. – i. Tengo **trece** años. j. **Me llamo** John.

2. Traduce al español

a. Mi hermano se llama John. b. Tengo 15 años. c. Mi hermano tiene 6 años. d. Mi hermana se llama Alice.
e. Tengo siete años. f. Vivo en Birmingham. g. Mi hermana tiene catorce años.
h. Tengo un hermano y una hermana. i. Mary tiene doce años. j. Anne tiene nueve años.

3. Traduce al inglés

a. My name is Paul. I am six years old. b. My brother is fifteen years old. c. I am twelve years old.
d. My sister's name is Anne. e. I am fourteen years old. f. I have a brother and a sister.
g. My brother's name is Philip and he is fourteen years old. h. My name is Gabriel, and I am eleven years old
i. My name is Alfie. I am ten years old. I have a brother and a sister. j. My sister's name is Lara. She is twelve.

Unidad 1. Hablar de mi edad: ESCRITURA (Página 6)

1. Completa las palabras

a. M**y** **name** is Paul. b. I **am** fourt**een.** c. I h**ave** a s**ister.** d. My b**rother**'s n**ame** is Ian.

e. My n**ame** **is** Mark. f. My brother's n**ame** **is** John. g. I a**m** thi**rteen** years old. h. My s**ister**'s n**ame** is Anna.

2. Escribe los números en inglés

a. Nueve – N**ine** b. Siete – **Seven** c. Doce – T**welve** d. Cinco – Fi**ve** e. Catorce – F**ourteen**

f. Seis – S**ix** g. Trece – T**hirteen** h. Cuatro – F**our**

3. Encuentra y corrige los errores de ortografía

a. My nam**e** is Paul. b. I am thi**r**teen. c. My br**o**ther is five. d. My s**i**ster's n**ame** is Sarah.

e. **My** name is Richard. f. My sister**'s** name is Kerry.

4. Completa con una palabra adecuada. Acepta otras opciones correctas

a. My sister **is** two. b. **My** brother is fifteen. c. My **name** is Max. d. I have a **brother/sister.**

e. My **brother/sister** is 15. f. My **brother/sister** is 11. g. His **name** is Ian. h. My sister **is** 12.

5. Escritura guiada

Samuel: My name is Samuel and I am twelve years old. I live in Buenos Aires. My brother's name is Gonzalo and he is nine years old. My sister's name is Anna and she is eight years old.

Laura: My name is Laura and I am fifteen years old. I live in Madrid. My brother's name is Jaime and he is thirteen years old. My sister's name is Valentina and she is five years old.

Michael: My name is Michael and I am eleven years old. I live in Berlin. My brother's name is Thomas and he is seven years old. My sister's name is Gerda and she is twelve years old.

Kyoko: My name is Kyoko. I am ten years old. I live in Osaka. My brother's name is Minato and he is six years old. My sister's name is Himari and she is one year old.

6. Describe a esta persona

His name is Joseph. He is twelve years old. He lives in Southampton. His brother's name is Ian and he is thirteen years old. His sister's name is Eve and she is fifteen years old.

Unidad 1. GRAMÁTICA RÁPIDA (Página 7)

1. Traduce las frases siguientes del español dudoso al inglés

a. I am 5 years old. b. I am 7 years old. c. I am 9 years old. d. I am 12 years old. e. I am 14 years old.

f. He is 3 years old. g. He is 6 years old.

2. Encuentra y corrige los errores

a. My name is John. I ~~have~~ **am** seven years old.

b. His name is Paul. He ~~has~~ **is** two years old.

c. Her name is Jacky. She ~~has~~ **is** five years old.

d. His sister's name is Sian. She ~~has~~ **is** five.

e. My brother's name ~~has~~ **is** Jack. He is three.

f. My cousin's name is Alice. She ~~has~~ **is** ten.

g. My name is Jake. I ~~have~~ **am** twelve years old.

3. Traduce al inglés

a. I am three years old. b. He/She is five years old. c. I am seven years old. d. He/She is nine years old.

e. I am eleven years old. f. I am thirteen years old. g. He/She is fifteen years old. h. He/She is one year old.

i. He/She is two years old. j. He/She is four years old. k. I am six years old l. He/She is eight years old.

Unidad 1. Hablar de mi edad: HABLAR (Página 10)

My name is Dylan, and I am twelve years old. I have a brother and a sister. My brother's name is Darren and he is ten years old. My sister's name is Abigail and she is fifteen years old.

UNIDAD 2
Decir cuándo es mi cumpleaños

En esta unidad aprenderás a decir:

- Cuándo es tu cumpleaños
- De dónde eres y de dónde es otra persona (por ejemplo, un amigo)
- Los números del 15 al 31
- Los meses del año
- Yo soy / Él es / Ella es
- Nombres de lugares de habla inglesa
- Dónde vives

UNIDAD 2
Decir cuándo es mi cumpleaños

<table>
<tr>
<td>My name is Aaron
Me llamo Aaron</td>
<td>I am from Paris
Soy de Paris

* I am X years old
Tengo X años</td>
<td rowspan="2">and
y</td>
<td>my birthday is on (the)
mi cumpleaños es el</td>
<td rowspan="2">1st first
2nd second
3rd third
4th fourth
5th fifth
6th sixth
7th seventh
8th eight
9th ninth
10th tenth
11th eleventh
12th twelfth
13th thirteenth
14th fourteenth
15th fifteenth
16th sixteenth
17th seventeenth
18th eighteenth
19th nineteenth
20th twentieth
21st twenty-first
22nd twenty-second
23rd twenty-third
24th twenty-fourth
25th twenty-fifth
26th twenty-sixth
27th twenty-seventh
28th twenty-eighth
29th twenty-ninth
30th thirtieth
31st thirty-first</td>
<td>** (of) de</td>
</tr>
<tr>
<td>My friend’s name is Emma
Mi amiga se llama Emma

My friend’s name is Jack
Mi amigo se llama Jack</td>
<td>he/she is from Leeds
él/ella es de Leeds

* he/she is X years old
él/ella tiene X años</td>
<td>his/her birthday is on (the)
su cumpleaños es el</td>
<td>*** January
enero
February
March
April
May
June
July
August
September
October
November
December</td>
</tr>
<tr>
<td colspan="6">Notas del autor:
* Recuerda: «I am» y «He/She is» significan «Yo soy» y «él/ella es» en inglés. Se utiliza el verbo ser (to be) para hablar de la edad en inglés.
** ¡Cuidado! En inglés se escribe «12th May» pero en la lengua hablada se dice «the 12th of May»
*** ¡En inglés los meses del año se escriben en mayúsculas!</td>
</tr>
</table>

Unidad 2. Decir cuándo es mi cumpleaños: VOCABULARIO

1. Completa con la palabra que falta

a. My ___________________ is Sean.
Me llamo Sean.

b. My ___________________'s name is Jon.
Mi amigo se llama Jon.

c. My friend's _____________is Jade.
Mi amiga se llama Jade.

d. My ___________________is in June.
Mi cumpleaños es en junio.

e. The ___________________ of July.
El cuatro de julio.

2. Une

May	Abril
My friend (*f*)	Noviembre
April	Diciembre
November	Mayo
December	Enero
My name is	Febrero
February	Mi amigo
January	Mi amiga
My friend (*m*)	Me llamo
August	Junio
June	Agosto

3. Traduce al español: fechas escritas

a. 14th January
b. 8th May
c. 7th February
d. 19th August
e. 25th July
f. 24th September

4. Añade la letra que falta

a. Bir__hday
b. Februa__y
c. Ma__ch
d. M__y
e. A__ril
f. Ju__e
g. J__nuary
h. Augu__t
i. Ju__y
j. Novem__er

5. Palabras rotas: utiliza la regla de las fechas en la forma oral

a. The t____________ of J_________.
El 3 de enero.

b. The f____________ of J_________.
El 5 de julio.

c. The n____________ of A_________.
El 9 de agosto.

d. The t____________ of M_________.
El 12 de marzo.

e. The s____________ of A_________.
El 16 de abril.

f. The n____________ of D_________.
El 19 de diciembre.

g. The t____________ of O_________.
El 20 de octubre.

6. Completa con una palabra adecuada

a. My _____________ is George.

b. My _____________ is on 11th May.

c. I am nine ______________ old.

d. My _____________'s name is Alfie.

e. Alfie ____________ ten years old.

f. His _____________ is on 3rd June.

g. My _____________ is on 18th July.

h. My friend's ______ is Dylan.

i. _____ birthday is on 4th August.

Unidad 2. Decir cuándo es mi cumpleaños: LECTURA

(Vamos a practicar la regla de las fechas escritas)

My name is Jason. I am twelve years old and I live in Burnley. My birthday is on 12th September. My friend's name is Dana, and she is 14 years old. Her birthday is on 28th May. In my free time, I like to play the guitar. So does Dana! My other friend's name is Carla. She is thirteen years old. Her birthday is on 21st June. Carla has an older brother. His birthday is on 8th January.

My name is Simon. I am sixteen years old, and I live in Cornwall, in the south-west of England. My birthday is on 10th September. My friend's name is Irene, and she is fifteen. Her birthday is on 28th May. In my free time I always watch TV.

My name is Janet. I am seven years old, and I live in Canberra, the capital of Australia. My birthday is on 5th December. I have two brothers, Julian, and Eric. Julian is eleven and he is very nice. His birthday is on 30th September. Eric is very annoying. He is thirteen and his birthday is on 5th January.

My name is Anthony. I am eight and I live in Portsmouth, in the south of England. My birthday is on 9th August. My little sister's name is Sandra, and she is four years old. She is very friendly. Her birthday is on 9th August. Just like me!
My friend's name is Victor, and he is nine. His birthday is on 25th October.

1. Encuentra el inglés para estos términos en el texto de Jason

a. Me llamo

b. Tengo doce años.

c. Vivo en Burnley.

d. Mi cumpleaños es

e. El doce de septiembre.

f. Su cumpleaños es

g. En mi tiempo libre

h. Mi otra amiga se llama

i. El ocho de enero.

j. Ella tiene trece años.

3. Responde a las siguientes preguntas sobre Janet

a. ¿Cuántos años tiene?

b. ¿Dónde está Canberra?

c. ¿Cuándo es su cumpleaños?

d. ¿Cuántos hermanos tiene?

e. ¿Cuál de sus hermanos es agradable?

f. ¿Cuántos años tiene Eric?

2. Completa con las palabras que faltan

My name is Anne. I ___ 13 _____ old and I ______ in Manchester, ___ England. My ____________ is on 29th December. My brother __ nine years old and his birthday is on _______ April.

4. Encuentra a alguien que…

a. Celebre su cumpleaños en diciembre.

b. Tenga 16 años.

c. Celebre su cumpleaños el mismo día que su hermano o hermana.

d. Tenga una amiga a quien también le gusta tocar la guitarra.

e. Tenga un hermano que es agradable y otro que es molesto.

f. Celebre su cumpleaños el 12 de septiembre.

g. Tenga una hermana menor.

h. Tenga una amiga de 13 años.

i. Viva en el suroeste de Inglaterra.

Unidad 2. Decir cuándo es mi cumpleaños: ESCRITURA

1. Completa con las letras que faltan

a. My na_ _ is Paul.

b. I am fr_ _ England.

c. M_ birth_ _y is on 13th Oct_ _er.

d. I a_ fift_ _n y_ _rs o_d.

e. My frie_d's na_e i_ Simone.

f. Simone _s from Devon.

g. My f_iend Dylan i_ fr_m Gibraltar.

h. Dylan is e_ _ven y_ _rs old.

2. Encuentra y corrige los errores de ortografía y gramática

a. My birthay is on 4th January.

b. I name is Roxane.

c. I am from the Bristol.

d. My friend name is Beth.

e. Beth has sixteen years old.

f. I am nineth years old.

g. Me birthday is on 7th June.

h. I am fitteen years old.

3. Responde a las preguntas en inglés. Utiliza la regla de las fechas escritas, *ej. 14th May*

a. What is your name?

b. How old are you?

c. When is your birthday?

d. What is your brother's / sister's name?

e. How old is your brother / sister?

f. When is his birthday? (*m*) / When is her birthday? (*f*)

4. Escribe las fechas. Utiliza la regla de las fechas en la forma oral

ej. 15.05
The fifteenth of May

a. 10.06

b. 20.03

c. 19.02

d. 25.12

e. 01.01

f. 22.11

5. Escritura guiada: escribe 4 párrafos en la primera persona del singular (yo), describiendo a cada una de estas personas. Utiliza la regla de las fechas escritas

Nombre	Ciudad	Edad	Cumple	Su hermano	El cumple de su hermano
Joseph	Bath	11	25.12	Theo	19.02
Alex	Oxford	14	21.07	Oliver	21.04
Andy	Bristol	12	01.01	Harry	20.06
Charles	York	16	02.11	Michael	12.10

6. Describe a esta persona en la tercera persona del singular (él). Forma escrita

Nombre: Richard

Edad: 12 años

Vive en: Londres

Cumpleaños: 21.06

Hermano: Ben, 16 años

Unidad 2. Decir cuándo es mi cumpleaños: TRADUCCIÓN

1. Traducción incorrecta: corrige (en español) los errores de traducción

a. His birthday is on	*Mi cumpleaños es el*
b. Your name is Eva.	*Me llamo Eva.*
c. I am twenty-two.	*Tengo 23 años.*
d. My friend's name	*Mi amigo me llama*
e. I am twenty-seven.	*Tiene 27 años.*
f. My birthday is on	*Su cumpleaños es*
g. 14th April	*El cuatro de abril*
h. I am from England.	*Vivo en Inglaterra.*

2. Traduce al español

a. The eighteenth of October

b. My birthday is on the

c. My friend's name is

d. His birthday is on the

e. The eleventh of January

f. The fourteenth of February

g. The twenty-fifth of June

3. Traducción: frases cortas. Utiliza la regla de las fechas escritas

a. Me llamo Natasha.

b. Tengo 10 años.

c. Mi cumpleaños es el 25 de abril.

d. Mi cumpleaños es el 7 de mayo.

e. Mi amiga se llama Holly.

f. Tiene 12 años.

g. Su cumpleaños (f) es el

h. El cumpleaños de mi amigo es el 23 de agosto.

i. El cumpleaños de mi hermana es el 29 de junio.

4. Traducción: frases completas. Utiliza la regla de las fechas escritas

a. Me llamo Nadim. Tengo treinta años. Vivo en Inglaterra. Mi cumpleaños es el 11 de marzo.

b. Mi hermano se llama Peter. Tiene catorce años. Su cumpleaños es el 18 de agosto.

c. Mi amigo se llama John. Tiene diecisiete años y su cumpleaños es el catorce de enero.

d. Mi amiga se llama Anne. Tiene dieciocho años y su cumpleaños es el 25 de julio.

GRAMÁTICA RÁPIDA

¿Cómo nos presentamos en inglés?

La pregunta más común para preguntar el nombre de alguien es:
What is your name?
(¿Cuál es tu nombre?)

Para responder a esta pregunta, podemos decir:

- **My name is** Linda.
  (Me llamo Linda.)
- **I am** Paul.
  (Soy Paul.)

También podemos presentarnos indicando nuestro nombre y/o apellido.
Por ejemplo:

- **My first name is** Jacob.
  (Mi nombre es Jacob.)
- **My last name is** Owen.
  (Mi apellido es Owen.)

Cómo decir cuándo es mi cumpleaños, por escrito y oralmente.

¡Bien! ¡Ahora sabes cómo decir tu nombre, tu edad, y hasta puedes presentar a otra persona!

Pero también debes saber cómo responder a una pregunta muy común:

When is your birthday ?
(¿Cuándo es tu cumpleaños?)

Por **escrito**, respondemos de la siguiente manera:
My birthday is on 5th May.

Mientras que oralmente, añadimos:
My birthday is on the fifth of May.

¡Practiquemos esta pequeña diferencia con los siguientes los ejercicios!

¡Atención! No hay que confundir **surname** y **nickname** que tienen sentidos muy distintos.

- **Surname:** apellido
- **Nickname:** apodo

1. Traduce al español.

a. My name is Jessica and I am twelve.

b. My name is Jack and I am nine.

c. My last name is Campbell.

d. My name is Michael Birdy.

e. My nickname is Mike.

f. I am James and I am twenty-nine.

g. My surname is McDonald.

h. My name is Jennifer, my nickname is Jen.

2. Corrige los errores que encuentres en esta conversación. Forma oral.

Lizzy: Hello. I name is Lizzy. What your name?

Freddy: Hi. I am Freddy. Nice to meet you (*encantado de conocerte*). How old is you?

Lizzy: I am seventeen years. How old is you, Freddy?

Freddy: I nineteen years old. When is you birthday, Lizzy?

Lizzy: My birth day is on the eleventh November. When is your birthday?

Freddy: Just like me brother! My birthday on sixth of March.

Lizzy: Just like sister! Ok, goodbye!

Freddy: See you soon, Lizzy, the goodbye!

Ni serpientes ni escaleras

SALIDA	1 Me llamo Jonathan	2 Mi amiga se llama Lily	3 Soy de Paris	4 Ella es de Leeds	5 Él es de Liverpool	6 El quince de mayo	7 Mi cumple es el
15 Su cumpleaños es el cuatro de julio	14 Tengo un hermano que tiene quince años	13 Ella tiene trece años	12 Mi cumpleaños es el tres de enero	11 David tiene once años	10 El 23 de abril	9 Tiene 9 años	8 Él es de Cornwall
16 Soy de Bath y tengo once años	17 Mi cumpleaños es el veinte de abril	18 Él tiene ocho años y su hermana tiene dos años	19 No tengo un hermano	20 Mi amigo se llama Daniel. Tiene quince años	21 Su cumple es el 6 de enero	22 Se llama Layla y tiene 16 años	23 Su cumple es el 4 de mayo
LLEGADA	30 Su cumpleaños es el trece de junio	29 Mi cumpleaños es el treinta de julio	28 No tengo hermanas	27 Su cumpleaños es el dos de mayo	26 Su hermana se llama Anne	25 Su hermano tiene 3 años	24 Mi amigo Andy es de Bristol

Ni serpientes ni escaleras

START	1 My name is Jonathan	2 My friend's name is Lily	3 I am from Paris	4 She is from Leeds	5 He is from Liverpool	6 [The] fifteenth [of] May	7 My birthday is on...
15 His/Her birthday is on [the] fourth [of] July	14 I have a brother who is fifteen years old	13 She is thirteen years old	12 My birthday is on [the] third [of] January	11 David is eleven years old	10 [The] twenty-third [of] April	9 He is nine years old	8 He is from Cornwall
16 I am from Bath and I am 11 years old	17 My birthday is on [the] twentieth [of] April	18 He is eight and his sister is two years old	19 I do not have a brother	20 My friend's name is Daniel. He is fifteen.	21 His/Her birthday is on [the] sixth [of] January	22 Her name is Layla and she is sixteen years old	23 His/Her birthday is on [the] fourth [of] May
FINISH	30 His/Her birthday is on [the] thirteenth [of] June	29 My birthday is on [the] thirtieth [of] July	28 I do not have sisters	27 His/Her birthday is on [the] second [of] May	26 His/Her sister's name is Anne	25 His/Her brother is three years old	24 My friend Andy is from Bristol

Unidad 2. Decir cuando es mi cumpleaños: HABLAR

Traduce cada paso de la pirámide en voz alta con tu pareja. Cuando termines, escribe la traducción en las casillas de abajo.

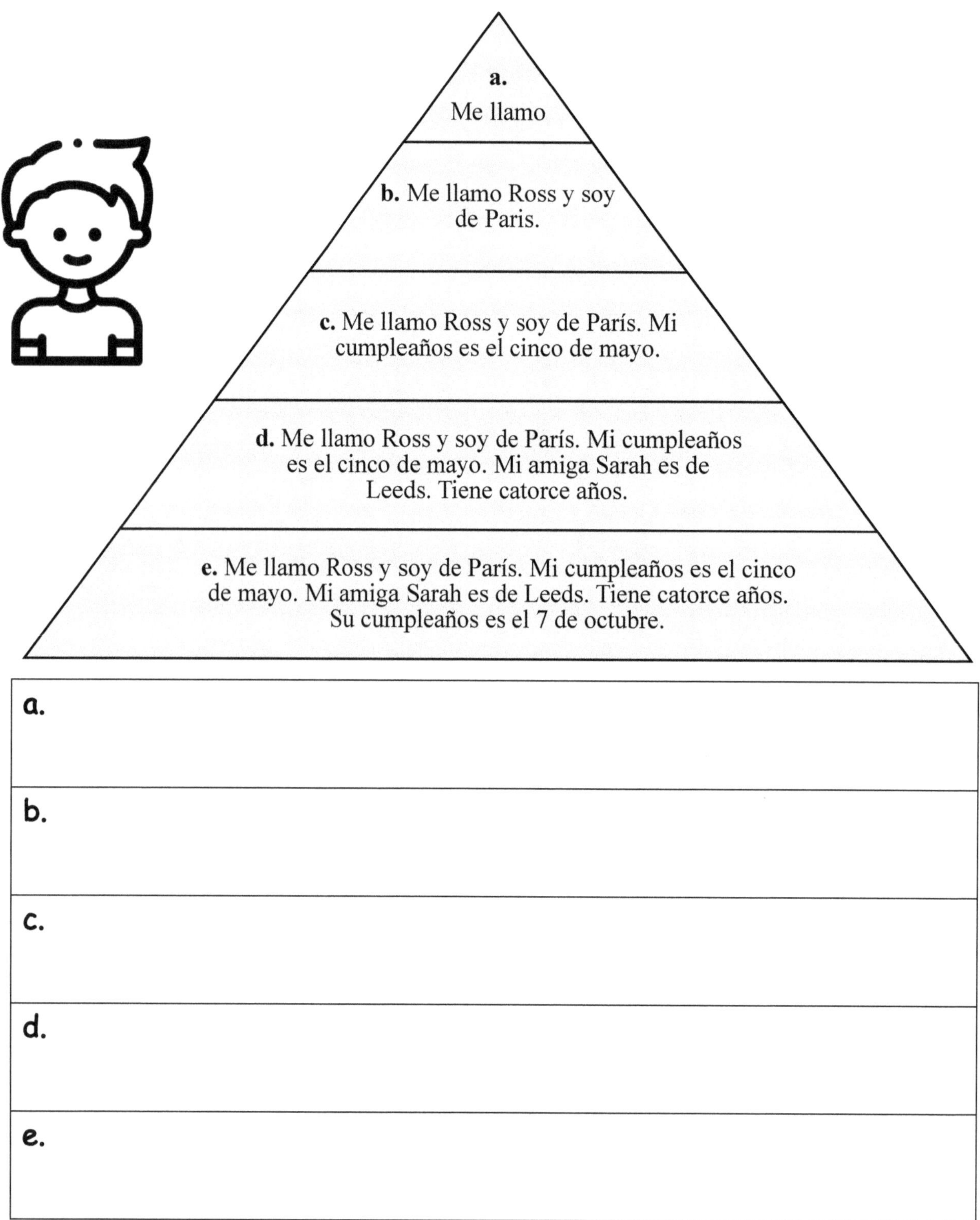

Unidad 2. Decir cuándo es mi cumpleaños

Unidad 2. Decir cuándo es mi cumpleaños: VOCABULARIO (Página 15)

1. Completa con la palabra que falta

a. My **name** is Sean. b. My **friend**'s name is Jon. c. My friend's **name** is Jade. d. My **birthday** is in June.
e. The **fourth** of July

2. Une

May – Mayo **My friend** (*f*) – Mi amiga **April** – Abril **November** – Noviembre **December** – Diciembre
My name is – Me llamo **February** – Febrero **January** – Enero **My friend** (*m*) – Mi amigo **August** – Agosto
June – Junio

3. Traduce al español

a. El 14 de enero b. El 8 de mayo c. El 7 de febrero d. El 19 de agosto e. El 25 de julio f. El 24 de septiembre

4. Añade la letra que falta

a. Bir**th**day b. Februa**ry** c. Mar**c**h d. Ma**y** e. Ap**r**il f. Ju**ne** g. Ja**n**uary h. Augus**t** i. Ju**l**y j. Novem**b**er

5. Palabras rotas

a. The t**hird** of **January** b. The **fifth** of **July** c. The n**inth** of **August** d. The t**welfth** of M**arch**
e. The s**ixteenth** of April f. The n**ineteenth** of D**ecember** g. The t**wentieth** of O**ctober**

6. Completa con una palabra adecuada. Acepta otras opciones correctas

a. My **name** is George b. My **birthday** is on 11th May c. I am nine **years** old
d. My **brother/friend**'s name is Alfie e. Alfie **is** ten years old f. His **birthday** is on 3rd June
g. My **birthday** is on 18th July h. My friend's **name** is Dylan. i. **My/His/Her** birthday is on 4th August

Unidad 2. Decir cuándo es mi cumpleaños: LECTURA (Página 16)

1. Encuentra el inglés para estos términos en el texto de Jason

a. My name is b. I am twelve years old.. c. I live in Burnley. d. My birthday is on e. 12th September
f. His/Her birthday is on g. In my free time h. My other friend's name i. 8th January j. She is thirteen years old.

2. Completa con las palabras que faltan

My name is Anne. I **am** 13 **years** old, and I **live** in Manchester, **in** England. My **birthday** is on 29th December. My brother **is** nine years old and his birthday is on **first/1st** April.

3. Responde a las siguientes preguntas sobre Janet

a. 7 años b. En Australia (la capital) c. El cinco de diciembre d. Dos hermanos e. Julian f. 13 años

4. Encuentra a alguien que

a. Janet b. Simon c. Anthony d. Jason e. Janet f. Jason g. Anthony h. Jason i. Simon

Unidad 2. Decir cuándo es mi cumpleaños: ESCRITURA (Página 17)

1. Completa con las letras que faltan

a. My na**me** is Paul. b. I am fr**om** England. c. M**y** birth**da**y is on 13th Oct**o**b**e**r. d. I a**m** fift**ee**n y**ea**rs o**l**d.
e. My frie**n**d's na**me** **i**s Simone. f. Simone **i**s from Devon. g. My f**r**iend Dylan i**s** fr**o**m Gibraltar.
h. Dylan is e**le**ven y**ea**rs old.

2. Encuentra y corrige errores de ortografía y gramática

a. My **birthday** is on 4th January. b. **My** name is Roxane. c. I am from ~~**the**~~ Bristol. d. My friend**'s** name is Beth.
e. Beth **is** sixteen years old. f. I am **nine** years old. g. M**y** birthday is on 7th June. h. I am **fifteen** years old.

3. Responde a las preguntas en inglés (en algunos casos hay más de una opción correcta)

a. My name is Anne. b. I am ten years old. c. My birthday is on 11th June.

d. My brother's name is Daniel / My sister's name is Kim. e. My brother/sister is seven years old.

f. His / Her birthday is on 8th July.

4. Escribe las fechas

a. The tenth of June b. The twentieth of March c. The nineteenth of February

d. The twenty-fifth of December. e. The first of January f. The twenty-second of November

5. Escritura guiada

Joseph: My name is Joseph, and I am from Bath. I am eleven years old, and my birthday is on 25th December. My brother's name is Theo. His birthday is on 19th February.

Alex: My name is Alex, and I am from Oxford. I am fourteen years old. My birthday is on 21st July. My brother's name is Oliver, and his birthday is on 21st April.

Andy: My name is Andy, and I am from Bristol. I am twelve years old, and my birthday is on 1st January. I have a brother and his name is Harry. His birthday is on 20th June.

Charles: My name is Charles, and I am from York. I am sixteen years old, and my birthday is on 2nd November. My brother's name is Michael, and his birthday is on 12th October.

6. Describe a esta persona

His name is Richard and he is twelve years old. He lives in London and his birthday is on 21st June. He has a brother and his name is Ben. Ben is sixteen years old.

Unidad 2. Decir cuándo es mi cumpleaños: TRADUCCIÓN (Página 18)

1. Traducción incorrecta

a. ~~Mi~~ **Su** cumpleaños es el b. ~~Me llamo~~ **Te llamas** Eva c. Tengo **22** años d. Mi amigo/a ~~me~~ **se** llama

e. ~~Tiene~~ **Tengo** 27 años f. ~~Su~~ **Mi** cumpleaños es g. El ~~cuatro~~ **catorce** de abril h. ~~Vivo en~~ **Soy de** Inglaterra.

2. Traduce al español

a. El 18 de octubre b. Mi cumpleaños es el c. Mi amigo se llama d. Su cumpleaños es el e. El 11 de enero

f. El 14 de febrero g. El 25 de junio

3. Traducción: frases cortas

a. My name is Natasha. b. I am ten years old. c. My birthday is on 25th April. d. My birthday is on 7th May.

e. My friend's name is Holly. f. She is twelve years old. g. Her birthday is on

h. My friend's birthday is on 23rd August. i. My sister's birthday is on 29th June.

4. Traducción: frases completas

a. My name is Nadim. I am thirty years old. I live in England. My birthday is on 11th March.

b. My brother's name is Peter. He is fourteen years old. His birthday is on 18th August.

c. My friend's name is John. He is seventeen years old and his birthday is on 14th January.

d. My friend's name is Anne. She is eighteen years old and her birthday is on 25th July.

Unidad 2. GRAMÁTICA RÁPIDA (Página 19)

1. Traduce al español

a. Me llamo Jessica y tengo doce años. b. Me llamo Jack y tengo nueve años. c. Mi apellido es Campbell. d. Me llamo Michael Birdy. e. Mi apodo es Mike. f. Soy James y tengo veintinueve años. g. Mi apellido es McDonald. h. Me llamo Jennifer, mi apodo es Jen.

2. Corrige los errores que encuentres en esta conversación

Lizzy: Hello. ~~I~~ **My** name is Lizzy. What **is** your name?

Freddy: Hi. I am Freddy. Nice to meet you (encantado de conocerte). How old ~~is~~ **are** you?

Lizzy: I am seventeen years **old**. How old ~~is~~ **are** you, Freddy?

Freddy: I **am** nineteen years old. When is ~~you~~ **your** birthday, Lizzy?

Lizzy: My ~~birth day~~ **birthday** is on the eleventh **of** November. When is your birthday?

Freddy: Just like ~~me~~ **my** brother! My birthday **is** on **the** sixth of March.

Lizzy: Just like **my** sister! Ok, goodbye!

Freddy: See you soon, Lizzy, ~~the~~ goodbye!

Unidad 2. Decir cuándo es mi cumpleaños: HABLAR (Página 22)

My name is Ross and I am from Paris. My birthday is on [the] fifth [of] May. My friend Sarah is from Leeds. She is fourteen years old. Her birthday is on [the] seventh [of] October.

Como se trata de un ejercicio oral, es indispensable utilizar [the] y [of]

UNIDAD 3
Describir el pelo y los ojos

En esta unidad aprenderás a:

- Describir el cabello y los ojos de una persona
- Describir sus caras (ej. barba y gafas)
- Yo llevo / Él lleva / Ella lleva

También vas a estudiar:

- Nombres comunes en inglés
- El verbo tener «to have» en la primera y tercera persona del singular
- Las números del 1 al 15

UNIDAD 3
Describir el pelo y los ojos

My name is *Me llamo* **His / Her name is** *Se llama*	**Abigail** **Anthony** **Brenda** **Charles** **Dylan** **Emily** **Jane** **Mary** **Paul** **Sarah**	**and** *y*	**I am** *tengo* **he / she is** *tiene*	**six (years old)** *6 años* **seven** *7 años* **eight** *8 años* **nine** *9 años* **ten** *10 años* **eleven** *11 años* **twelve** *12 años* **thirteen** *13 años* **fourteen** *14 años* **fifteen** *15 años*

I have *Tengo* **He / She has** *Tiene*	**long,** *largo,* **mid-length,** *a media melena,* **shaved** *rapado* **short,** *corto,*	**curly,** *rizado,* **spiky,** *de punta,* **straight,** *liso,* **wavy,** *ondulado,*	**black** *negro* **blond** *rubio* **brown** *castaño* **light brown** *castaño claro* **red** *pelirrojo*	**hair** *pelo*

<table>
<tr>
<td rowspan="2">I have
Tengo

I do not have
No tengo

He / She has
Tiene

He / She does not have
No tiene</td>
<td rowspan="2">dark
negros
blue
azules
brown
marrones
green
verdes</td>
<td rowspan="2">eyes
ojos</td>
<td rowspan="2">and
y

pero
but</td>
<td>I have
tengo

I do not have
no tengo

he has
él tiene

he does not have
él no tiene</td>
<td>a beard
barba

a moustache
bigote</td>
</tr>
<tr>
<td>I wear
llevo

I do not wear
no llevo

he / she wears
él / ella lleva

he / she does not wear
él / ella no lleva</td>
<td>glasses
gafas</td>
</tr>
</table>

Unidad 3. Describir el pelo y los ojos: VOCABULARIO

1. Completa con la palabra que falta.

a. I have r________________ hair.
Tengo el pelo pelirrojo.

b. I have b________________ hair.
Tengo el pelo rubio.

c. I have a b_______________.
Tengo barba.

d. I have _________________ eyes.
Tengo los ojos azules.

e. I ______________________ glasses.
Llevo gafas.

2. Une.

Blue eyes	El pelo negro
Dark eyes	El pelo rubio
A moustache	Los ojos negros
Green eyes	Gafas
Black hair	Un bigote
Short hair	El pelo largo
Long hair	Los ojos verdes
Red hair	El pelo corto
Blond hair	Los ojos azules
Glasses	El pelo pelirrojo

3. Traduce al español.

a. Straight hair

b. Blue eyes

c. I wear glasses.

d. Green eyes

e. Red hair

f. Dark eyes

4. Añade la letra que falta.

a. lo__g c. __air e. blu_ g. cur__y i. bla_k k. ey__s

b. gl__sses d. be__rd f. sp__ky h. __traight j. m__d-length l. I w__ar

5. Palabras rotas.

a. I h________ c___________ h___________.
Tengo el pelo rizado.

b. I w________ g_________________________.
Llevo gafas.

c. I h________ s___________ h___________.
Tengo el pelo corto.

d. I h________ a m_______________________.
Tengo bigote.

e. I h________ b___________ e___________.
Tengo los ojos marrones.

f. I h________ a b_______________________.
Tengo barba.

6. Completa con una palabra adecuada.

a. I am _____________ years old.

b. I ________________ a beard.

c. My ______________ is Anthony.

d. I ________________ six years old.

e. I have ___________ hair.

f. I wear ___________.

g. I ________________ brown eyes.

h. I have short _______.

i. I do not __________ a moustache.

j. I _________________ long hair.

k. My ______________'s name is John.

l. She ______________ fifteen years old.

Unidad 3. Describir el pelo y los ojos: LECTURA

My name is Jane. I am twelve years old and I live in Abuja, the capital of Nigeria. I have short, straight, dark hair and blue eyes. I wear glasses. My birthday is on 10th September. My sister has straight hair. She is ten years old.

My name is Irene. I am fifteen years old and I live in Edinburgh, the capital of Scotland. I have long, wavy, red hair and blue eyes. I do not wear glasses. My birthday is on 15th December.

My name is William. I am nine years old and I live in Cardiff, the capital of Wales.
I have mid-length, wavy, brown hair, and brown eyes. I do not wear glasses. My birthday is on 5th December.
My brother's name is Tristan. He is fifteen years old. He has long, straight, red hair and green eyes. Like me, he does not wear glasses. His birthday is on 13th November. He is muscular.

My name is Cynthia. I am eight years old, and I live in Cape Town, one of the capitals of South Africa. I have long, curly, brown hair and blue eyes. I wear glasses. My birthday is on 9th May.

My brother's name is Solomon. He is fourteen. He has long, straight, blond hair and blue eyes, just like me. He really likes penguins. His birthday is on 2nd June. He is very smart.

My name is Phil. I am ten and I live in London, the capital of England. I have short, blond hair and green eyes. I wear glasses. My birthday is on 8th April.

1. Encuentra el inglés para los siguientes términos en el texto de Jane.

a. Me llamo

b. En Abuja

c. Llevo gafas.

d. Mi cumpleaños es el

e. El 10 de septiembre

f. Los ojos azules.

g. Tengo el pelo liso.

2. Responde las siguientes preguntas sobre Irene

a. ¿Cuántos años tiene?

b. ¿Dónde está Edimburgo?

c. ¿De qué color es su pelo?

d. ¿Tiene el pelo liso, rizado u ondulado?

e. ¿Cuál es la longitud de su pelo?

f. ¿De qué color son sus ojos?

3. Completa con las palabras que faltan

My name is Jason. I ______ ten and I ________ in Kingston, the _________ of Jamaica. I have blond, short and straight _______ and I have green ________. I ______ glasses. My __________ is on 8th April.

4. Responde a las siguientes preguntas sobre los cinco textos

a. ¿Quién tiene un hermano llamado Solomon?

b. ¿Quién tiene nueve años?

c. ¿Quién celebra su cumpleaños el 10 de septiembre?

d. ¿Cuántas personas llevan gafas?

e. ¿Quién tiene el pelo pelirrojo y los ojos azules?

f. ¿Quién tiene un hermano que es muy inteligente?

g. ¿Quién celebra su cumpleaños en abril?

Unidad 3. Describir el pelo y los ojos: TRADUCCIÓN

1. Traducción incorrecta: corrige (en español) los errores de traducción.

a. I have dark eyes. *Tengo el pelo rubio.*

b. He has brown eyes. *Ella tiene los ojos azules.*

c. He has a beard. *Tengo barba.*

d. My name is Peter. *Se llama Peter.*

e. I have long hair. *Tengo el pelo rapado.*

f. I have blue eyes. *Tengo los ojos verdes.*

2. Traduce al español.

a. I have blond hair.

b. I have dark eyes.

c. He has straight hair.

d. He wears glasses and he has a beard.

e. I have a moustache.

f. I wear sunglasses.

g. I do not have a beard.

h. I have curly hair.

3. Traducción: frases cortas.

a. El pelo largo.

b. Me llamo

c. Tengo barba.

d. Los ojos azules.

e. El pelo liso.

f. Tiene bigote.

g. Tengo diez años.

h. Tengo los ojos negros.

i. Tengo nueve años.

j. Los ojos marrones.

k. El pelo negro.

4. Traducción: frases completas.

a. Mi nombre es Marc. Tengo diez años. Tengo el pelo negro y rizado y los ojos azules.

b. Tengo doce años. Tengo los ojos verdes y tengo el pelo liso y rubio.

c. Mi nombre es Ian. Vivo en York. Tengo el pelo largo y rubio y los ojos marrones.

d. Me llamo Alfie. Vivo en Swindon. Tengo el pelo muy corto, liso y negro.

e. Tengo 15 años. Tengo el pelo largo, rizado y negro. Tengo los ojos azules.

Unidad 3. Describir el pelo y los ojos: ESCRITURA

1. Frases rotas.

I have curly	eyes
I have a	beard
He has blue	straight hair
I have mid-	Laura
I have black and	hair
My name is	years old
I am ten	length hair

2. Reescribe las frases en el orden correcto.

a. hair have I curly

b. do not I beard have a

c. name My is Richard

d. hair I have red

e. is name brother's Paul My

3. Encuentra y corrige errores de ortografía.

a. I have dark eye.

b. My brother's name Ian.

c. She is curly hair.

d. She name is Janet.

e. I have fourteen years old.

f. I have hair red.

g. I have green ayes.

h. I am a beard.

i. I wear a glasses.

j. I do not has a moustache.

4. Anagramas.

ej. syee *eyes*

a. eardb __________

b. urlcy __________

c. eayrs __________

d. elbu __________

e. olndb __________

f. raisthgt __________

g. regne __________

5. Escritura guiada: escribe 3 párrafos en la primera persona del singular (yo), describiendo a cada una de estas personas.

Nombre	Edad	Pelo	Ojos	Gafas	Barba	Bigote
Lee	18	castaño rizado largo	verdes	lleva gafas	no tiene barba	tiene bigote
Anne	11	rubio liso corto	azules	no lleva gafas	no tiene barba	no tiene bigote
Alex	15	pelirrojo a media melena ondulado	negros	lleva gafas	tiene barba	no tiene bigote

6. Describe a esta persona en la tercera persona (él).

Nombre: George

Edad: 15 años

Pelo: Negro, rizado, corto

Ojos: Marrones

Gafas: No

GRAMÁTICA RÁPIDA

El orden de los adjetivos en inglés para describir el pelo.

Para hablar del pelo de alguien, a menudo se habla de **largo** o **corto**, de **liso** o **rizado**, pero ¿cómo decir todo eso en inglés? Aquí tenemos dos ejemplos:

- She has **long**, **straight** hair
  Tiene el pelo largo y liso
- He has **short**, **curly**, **black** hair
  Tiene el pelo corto, rizado y negro

En inglés, los adjetivos se colocan en un orden específico. Para describir el pelo, la fórmula mágica es:

Longitud – Tipo – Color

➔ I have **long** (*longitud*), **curly** (*tipo*), **blond** (*color*) hair.

En inglés, **hair** *(pelo)* se utiliza en singular, como en español: **I have black hair** *(tengo el pelo negro)*.
Sin embargo, podemos utilizar el plural en frases como **I have some grey hairs** (*tengo algunos pelos grises*).

1. Encuentra y corrige los errores

a. I have hair short.

b. I have brown, long hair.

c. She has short, straight red hairs.

d. He has light brown, long hair.

e. She has straight, mid-length black hair.

f. I have hairs short, curly blond.

g. She have long, straight blond hair.

h. I am short, curly black hair.

2. Traduce las palabras en cursiva al inglés

a. I have ***corto, castaño oscuro*** hair.

b. I have ***largo, rizado rubio*** hair.

c. He has ***a media-melena, liso pelirrojo*** hair.

d. He has ***corto, de punta castaño oscuro*** hair.

e. She has ***largo, ondulado rubio*** hair.

f. She has ***corto, rizado pelirrojo*** hair.

g. I have ***a media-melena, liso negro*** hair.

h. I have ***corto, de punta castaño*** hair.

i. I have ***largo, ondulado azul*** hair.

j. We (*Nosotros*) have ***corto, rubio*** hair.

3. Traduce al inglés

a. Tengo el pelo largo, rizado y rubio.

b. Tengo el pelo corto, de punta y negro.

c. Tiene el pelo largo, liso y pelirrojo.

d. Tiene el pelo a media melena largo, rizado y rubio.

e. Tiene el pelo largo, liso y castaño.

f. Tiene el pelo corto y de punta.

g. Tengo el pelo ondulado y pelirrojo.

h. Nosotros (*We*) tenemos el pelo castaño.

i. Ellos (*They*) tienen el pelo largo y rubio.

j. Tengo el pelo corto, de punta y castaño.

k. Tiene el pelo a media melena largo y castaño.

GRÁMATICA RÁPIDA

¡Qué pasa con los ojos!
El retorno del español dudoso.

En inglés, el adjetivo siempre va antes del nombre. ¡Lo mismo ocurre con los colores!

Tengo los ojos azules se traduce como:
I have ***blue eyes*** y no *I have* ~~***eyes blue***~~

Por lo tanto, podemos utilizar nuestro español dudoso como ayuda.

Por ejemplo:
I have brown eyes se traduciría en español dudoso: *Tengo marrones ojos*
I have blue eyes: *Tengo azules ojos*

Los adjetivos no utilizan la S del plural en inglés. Ten cuidado de no escribir *I have* ***greenS eyes.***

2. Reescribe estas frases en el orden correcto.

a. have I eyes green

b. eyes I have blue

c. has dark She eyes

d. has He eyes dark, I blue have eyes

e. She eyes has brown, have I eyes dark

f. blue have I eyes, has she eyes green

g. I short have eyes and hair blue

h. short has eyes blond She and hair green

i. name John My is and have I eyes blue

j. Jess name Her is and twenty she is

k. brother's My Aaron is name

1. Traduce al español.

ej. I have blue eyes. *Tengo los ojos azules.*

a. I have brown eyes.

b. I have dark eyes.

c. He has green eyes.

d. She has brown eyes.

e. He has grey eyes.

f. I have green eyes.

3. Elige la traducción correcta.

a. *Tengo el pelo largo y los ojos azules.*

i. I have hair long and eyes blue.

ii. I have long hair and blue eyes.

b. *Tiene los ojos verdes y el pelo pelirrojo.*

i. He has greens eyes and red hair.

ii. He has green eyes and red hair.

c. *Ella tiene los ojos azules, yo tengo los ojos negros.*

i. She has blue eyes, I have dark eyes.

ii. She has blue eyes, I have black eyes.

d. *Tengo los ojos marrones, ella tiene los ojos azules.*

i. I have brown eyes, she has blue eyes.

ii. I have eyes brown, she has eyes blue.

e. *Ella tiene el pelo largo, liso y rubio.*

i. She has straight, long blond hair.

ii. She has long, straight blond hair.

Ni serpientes ni escaleras

SALIDA	1 Tengo siete años	2 Tengo el pelo rubio	3 Tengo los ojos verdes	4 Él es de Londres	5 Ella es de Liverpool	6 Llevo gafas	7 Tengo el pelo castaño
15 Tengo un hermano y tres hermanas	14 Tiene el pelo corto castaño claro	13 Tengo el pelo rubio y largo	12 No llevo gafas	11 Tengo bigote y llevo gafas	10 Tiene los ojos azules	9 Tiene el pelo rizado	8 Tiene el pelo liso
16 Me llamo Joseph	17 Tengo dos hermanos	18 Mi hermana tiene seis años	19 No tengo una hermana	20 Vivo en Tokio	21 Tengo doce años	22 No lleva gafas	23 No tiene barba
LLEGADA	30 Tengo una hermana y un hermano	29 No tengo un hermano	28 Mary tiene siete años	27 Mi hermana tiene cuatro años	26 Se llama Natasha	25 No tiene los ojos marrones	24 Tengo el pelo de punta y castaño

Ni serpientes ni escaleras

START	1 I am seven years old	2 I have blond hair	3 I have green eyes	4 He is from London	5 She is from Liverpool	6 I wear glasses	7 I have brown hair
15 I have a brother and three sisters	14 She has short, light brown hair	13 I have long, blond hair	12 I do not wear glasses	11 I have a moustache and I wear glasses	10 She has blue eyes	9 She has curly hair	8 She has straight hair
16 My name is Joseph	17 I have two brothers	18 My sister is six years old	19 I do not have a sister	20 I live in Tokyo	21 I am twelve years old	22 He does not wear glasses	23 He does not have a beard
FINISH	30 I have a brother and a sister	29 I do not have a brother	28 Mary is seven years old	27 My sister is four years old	26 Her name is Natasha	25 She does not have brown eyes	24 I have spiky, brown hair

Unidad 3. Describir el pelo y los ojos: HABLAR

Traduce cada paso de la pirámide en voz alta con tu pareja. Cuando termines, escribe la traducción en las casillas de abajo.

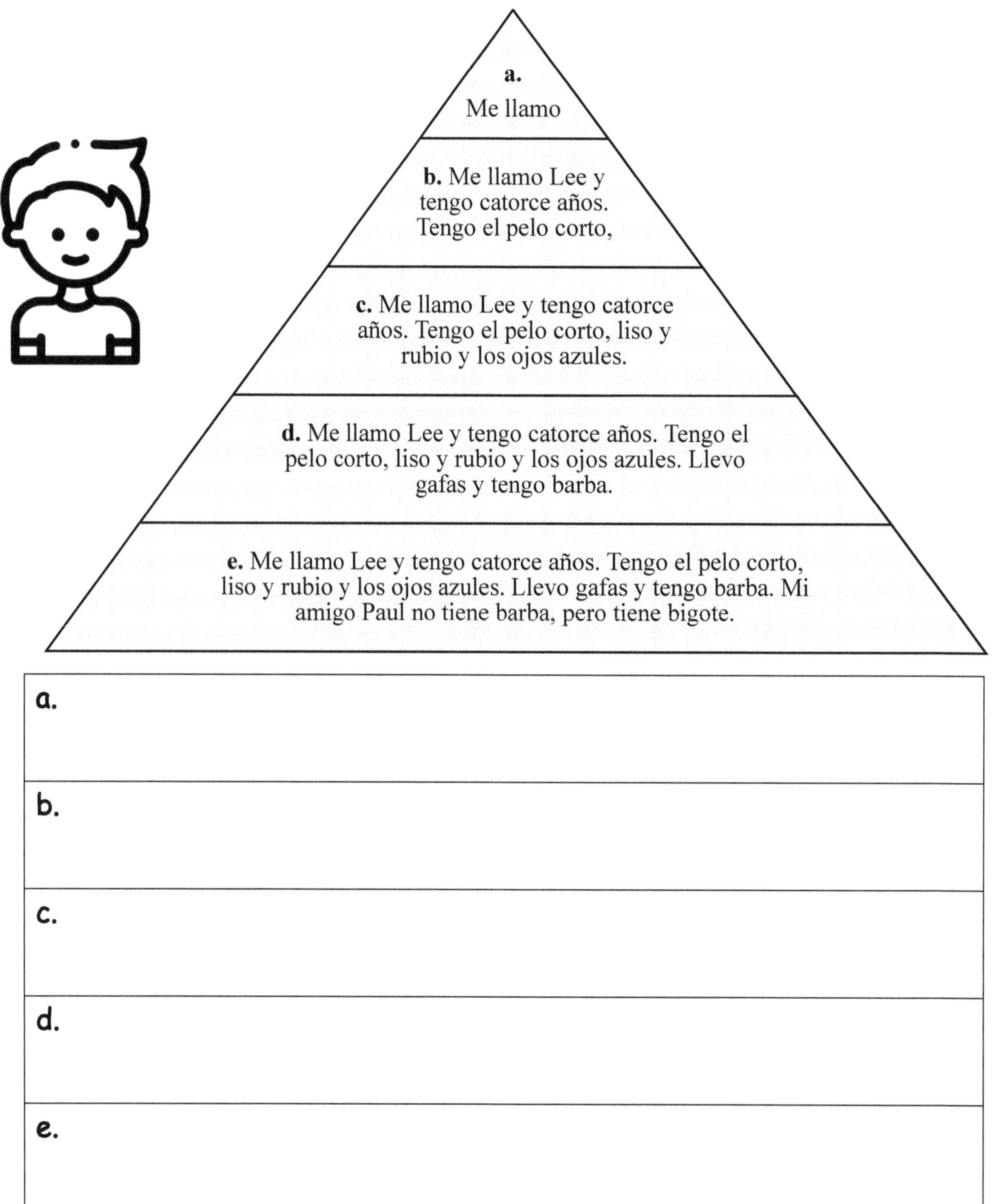

Unidad 3. Describir el pelo y los ojos

Unidad 3. Describir el pelo y los ojos: VOCABULARIO (Página 28)

1. Completa con la palabra que falta.

a. I have **red** hair. b. I have **blond** hair. c. I have a **beard.** d. I have **blue** eyes. e. I **wear** glasses.

2. Une.

Blue eyes – Los ojos azules **Dark eyes** – Los ojos negros **A moustache** – Un bigote
Green eyes – Los ojos verdes **Black hair** – El pelo negro **Short hair** – El pelo corto **Long hair** – El pelo largo
Red hair – El pelo pelirrojo **Blond hair** – El pelo rubio **Glasses** – Gafas

3. Traduce al español.

a. El pelo liso b. Los ojos azules c. Llevo gafas d. Los ojos verdes e. El pelo pelirrojo f. Los ojos negros

4. Añade la letra que falta

a. lo**n**g b. gl**a**sses c. **h**air d. be**a**rd e. blu**e** f. sp**i**ky g. cur**l**y h. **s**traight i. bla**c**k j. m**i**d-length k. ey**e**s
l. I w**e**ar

5. Palabras rotas.

a. I h**ave curly** h**air.** b. I w**ear glasses.** c. I h**ave** sh**ort** h**air.** d. I h**ave** a m**oustache.** e. I h**ave** b**rown eyes.**
f. I h**ave** a b**eard.**

6. Completa con una palabra adecuada. Acepta otras opciones correctas

a. I am **ten** years old. b. I **have** a beard. c. My **name** is Anthony. d. I **am** six years old.
e. I have **long** hair. f. I wear **glasses.** g. I **have** brown eyes. h. I have short **hair.**
i. I do not **have** a moustache. j. I **have** long hair. k. My **brother**'s name is John. l. She **is** fifteen years old.

Unidad 3. Describir el pelo y los ojos: LECTURA (Página 29)

1. Encuentra el inglés para los siguientes términos en el texto de Jane.

a. My name is b. In Abuja c. I wear glasses. d. My birthday is on e. The 10th September f. Blue eyes
g. I have straight hair.

2. Responde las siguientes preguntas sobre Irene.

a. Tiene 15 años. b. En Escocia (es la capital) c. Es pelirroja. d. Ondulado e. Largo f. Azules

3. Completa con las palabras que faltan

My name is Jason. I **am** ten and I **live** in Kingston, the **capital** of Jamaica. I have blond, short, and straight **hair** and I have green **eyes**. I **wear** glasses. My **birthday** is on 8th April.

4. Responde a las siguientes preguntas sobre los cinco textos

a. Cynthia b. William c. Jane d. 3 personas llevan gafas e. Irene f. Cynthia g. Phil

Unidad 3. Describir el pelo y los ojos: TRADUCCIÓN (Página 30)

1. Traducción incorrecta: corrige (en español) los errores de traducción.

a. Tengo ~~el pelo rubio~~ **los ojos negros.** b. ~~Ella~~ **Él** tiene los ojos ~~azules~~ **marrones.** c. ~~Tengo~~ **Tiene** barba.
d. ~~Se llama~~ **Me** llamo Peter. e. ~~Tiene~~ **Tengo** el pelo ~~rapado~~ **largo.** f. Tengo los ojos ~~verdes~~ **azules.**

2. Traduce al español.

a. Tengo el pelo rubio. b. Tengo los ojos negros. c. Tiene el pelo liso. d. Lleva gafas y tiene barba.
e. Tengo bigote. f. Llevo gafas de sol. g. No tengo barba. h. Tengo el pelo rizado.

3. Traducción: frases cortas.

a. Long hair. b. My name is c. I have a beard. d. Blue eyes. e. Straight hair. f. He has a moustache.
g. I am ten years old. h. I have dark eyes. i. I am nine years old. j. Brown eyes. k. Black hair.

4. Traducción: frases completas.

a. My name is Marc. I am ten years old. I have curly, black hair and I have blue eyes.

b. I am twelve years old. I have green eyes and I have straight blond hair.

c. My name is Ian. I live in York. I have long, blond hair and I have brown eyes.

d. My name is Alfie. I live in Swindon. I have very short, straight, black, hair.

e. I am fifteen years old. I have long, curly, black hair. I have blue eyes.

Unidad 3. Describir el pelo y los ojos: ESCRITURA (Página 31)

1. Frases rotas.

a. I have curly **hair.** b. I have a **beard.** c. He has blue **eyes.** d. I have mid-**length** hair.

e. I have black and **straight hair.** f. My name is **Laura.** g. I am ten **years old.**

2. Reescribe las frases en el orden correcto.

a. I have curly hair. b. I do not have a beard. c. My name is Richard. d. I have red hair.

e. My brother's name is Paul.

3. Encuentra y corrige errores de ortografía.

a. I have dark eye**s.** b. My brother's name **is** Ian. c. She ~~is~~ **has** curly hair. d. ~~She~~ **Her** name is Janet.

e. I ~~have~~ **am** fourteen years old. f. I have **red hair.** g. I have green ~~ayes~~ **eyes** h. I ~~am~~ **have** a beard.

i. I wear ~~a~~ glasses. j. I do not **have** a moustache.

4. Anagramas.

a. beard b. curly c. years d. blue e. blond f. straight g. green

5. Escritura guiada: escribe 3 párrafos en la primera persona del singular (yo), describiendo a cada una de estas personas.

Lee: My name is Lee. I am eighteen years old. I have long, curly, brown hair. I have green eyes and I wear glasses. I do not have a beard, but I have a moustache.

Anne: My name is Anne. I am eleven years old. I have short, straight, blond hair and I have blue eyes. I do not wear glasses. I do not have a beard and I do not have a moustache.

Alex: My name is Alex. I am fifteen years old. I have mid-length, wavy, red hair and I have dark eyes. I wear glasses and I have a beard, but I do not have a moustache.

6. Describe a esta persona en la tercera persona (él).

His name is George. He is fifteen years old. He has short, curly black hair and he has brown eyes. He does not wear glasses.

Unidad 3: GRAMÁTICA RÁPIDA (Página 32)

1. Encuentra y corrige los errores.

a. I have **short hair.** b. I have **long, brown** hair. c. She has short, straight red hai**r.**

d. She has **long, light brown** hair. e. She has **mid-length, straight black** hair. f. I have **short, curly blond** hair.

g. She **has** long, straight blond hair. h. I **have** short, curly black hair.

2. Traduce las palabras en cursiva al inglés.

a. I have **short, dark brown** hair. b. I have **long, curly blond** hair. c. He has **mid-length, straight red** hair.

d. He has **short, spiky dark brown** hair. e. She has **long, wavy blond** hair. f. She has **short, curly red** hair.

g. I have **mid-length, straight black** hair. h. I have **short, spiky brown** hair. i. I have **long, wavy blue** hair.

j. We have **short, blond** hair.

3. Traduce al inglés.

a. I have long, curly blond hair. b. I have short, spiky black hair. c. She has long, straight red hair.
d. He has mid-length, curly blond hair. e. She has long, straight brown hair. f. He has short spiky hair.
g. I have wavy, red hair. h. We have brown hair. i. They have long blond hair. j. I have short, spiky brown hair.
k. She has mid-length, brown hair.

Unidad 3: GRAMÁTICA RÁPIDA (Página 33)

1. Traduce al español.

a. Tengo los ojos marrones. b. Tengo los ojos negros. c. Tiene los ojos verdes. d. Tiene los ojos marrones.
e. Tiene los ojos grises. f. Tengo los ojos verdes.

2. Reescribe estas frases en el orden correcto.

a. I have green eyes. b. I have blue eyes. c. She has dark eyes. d. He has dark eyes, I have blue eyes.
e. She has brown eyes, I have dark eyes. f. I have blue eyes, she has green eyes. g. I have short hair and blue eyes.
h. She has short, blond hair and green eyes. i. My name is John and I have blue eyes.
j. Her name is Jess and she is twenty. k. My brother's name is Aaron.

3. Elige la traducción correcta.

a. ii b. ii c. i d. i e. ii

Unidad 3. Describir el pelo y los ojos: HABLAR (Página 36)

My name is Lee and I am fourteen years old. I have short, straight, blond hair and I have blue eyes. I wear glasses and I have a beard. My friend Paul does not have a beard, but he has a moustache.

UNIDAD 4
Decir dónde vivo y de dónde soy

En esta unidad aprenderás a decir:

- Dónde vives y de dónde eres
- Si vives en un apartamento o en una casa
- Cómo es tu casa
- Dónde está situada
- Nombres de países y ciudades conocidas en el mundo de habla inglesa
- El verbo ser «to be»

También vas a repasar:

- Cómo presentarte
- Cómo decir tu nombre y cuándo es tu cumpleaños

UNIDAD 4

Decir dónde vivo y de dónde soy

<table>
<tr><td rowspan="15">My name is David and
Me llamo David y</td><td rowspan="2">I live in
vivo en</td><td>a
una</td><td>beautiful bonita
big grande
old antigua
small pequeña</td><td>house
casa</td><td rowspan="2">in the centre
en el centro

in the city
en la ciudad

on the coast
en la costa

on the outskirts
en las afueras</td></tr>
<tr><td>a flat
un apartamento / un piso</td><td colspan="2">in a modern building
en un edificio moderno
in a new building
en un edificio nuevo
in an old building
en un edificio antiguo</td></tr>
<tr><td rowspan="13">I am from
soy de</td><td>Belfast</td><td>in Northern Ireland</td><td colspan="2">en Irlanda del Norte (la capital)</td></tr>
<tr><td>Canberra</td><td>in Australia</td><td colspan="2">en Australia (la capital)</td></tr>
<tr><td>Cape Town</td><td>in South Africa</td><td colspan="2">en Sudáfrica (*la capital)</td></tr>
<tr><td>Cardiff</td><td>in Wales</td><td colspan="2">en Gales (la capital)</td></tr>
<tr><td>Dublin</td><td>in Ireland</td><td colspan="2">en Irlanda (la capital)</td></tr>
<tr><td>Edinburgh</td><td>in Scotland</td><td colspan="2">en Escocia (la capital)</td></tr>
<tr><td>Gaborone</td><td>in Botswana</td><td colspan="2">en Botswana (la capital)</td></tr>
<tr><td>London</td><td>in England</td><td colspan="2">en Inglaterra (la capital)</td></tr>
<tr><td>New Delhi</td><td>in India</td><td colspan="2">en la India (la capital)</td></tr>
<tr><td>Ottawa</td><td>in Canada</td><td colspan="2">en Canadá (la capital)</td></tr>
<tr><td>Rome</td><td>in Italy</td><td colspan="2">en Italia (la capital)</td></tr>
<tr><td>Washington D.C.</td><td>in the USA</td><td colspan="2">en los Estados Unidos (la capital)</td></tr>
<tr><td>Wellington</td><td>in New Zealand</td><td colspan="2">en Nueva Zelanda (la capital)</td></tr>
<tr><td colspan="6">* ¿Sabías que Sudáfrica tiene tres capitales? Ciudad del Cabo, Pretoria y Bloemfontein.</td></tr>
</table>

Unidad 4. Decir dónde vivo y de dónde soy: VOCABULARIO

1. Completa con la palabra que falta

a. I live in ______________ house.
Vivo en una casa.

b. I like my ______________.
Me gusta mi apartamento.

c. I am __________________ London.
Soy de Londres.

d. I ____________________ on the coast.
Vivo en la costa.

e. An old________________.
Un edificio antiguo.

2. Une

Big	El centro
Small	Bonito
Old	Grande
Modern	Antiguo
The centre	Las afueras
The coast	La costa
I am from	Marruecos
The outskirts	Soy de
Beautiful	Moderno
I live in	Pequeño
Morocco	Vivo en

3. Traduce al español

a. I am from London.

b. I live in a house.

c. My flat is small.

d. In a modern building.

e. I am from Ottawa, in Canada.

f. I live in a flat on the coast.

4. Añade las letras que faltan

a. Car__iff

b. Londo__

c. B__lfast

d. Ott__wa

e. R__me

f. Canb__rra

g. D__blin

h. Washingt__n

5. Palabras rotas

a. I a________ f___________ W________________.
Soy de Wellington.

b. I l________ in a b_______ h________________.
Vivo en una casa grande.

c. T_________ c___________ of E_______________.
La capital de Inglaterra.

d. I l________ in a f_______ in Bournemouth.
Vivo en un piso en Bournemouth.

e. I l________ in a s_______ h________________.
Vivo en una casa pequeña.

f. I h________ r___________ h________________.
Tengo el pelo pelirrojo.

6. Completa con una palabra adecuada

a. I am ____________ Brighton.

b. I live ____________ a house.

c. In an ____________ building.

d. I live on the ____________.

e. I like my ______________.

f. I live in a ________ house.

g. I am from _____________.

h. I live in a ______________ flat.

i. I _________ from Canberra.

j. I live in a ________ building.

k. She is ___________ England.

Unidad 4. Prueba de geografía: utilizando tus conocimientos generales (y con un poco de ayuda de Google o de tu profesor) une los números con los países.

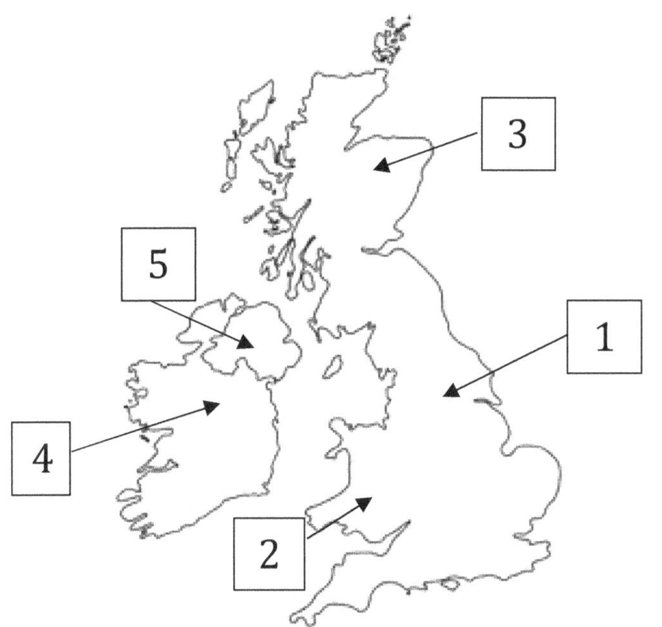

Mapa de las islas británicas	
Número	**País**
	England *Inglaterra*
	Ireland *Irlanda*
	Northern Ireland *Irlanda del Norte*
	Wales *Gales*
	Scotland *Escocia*

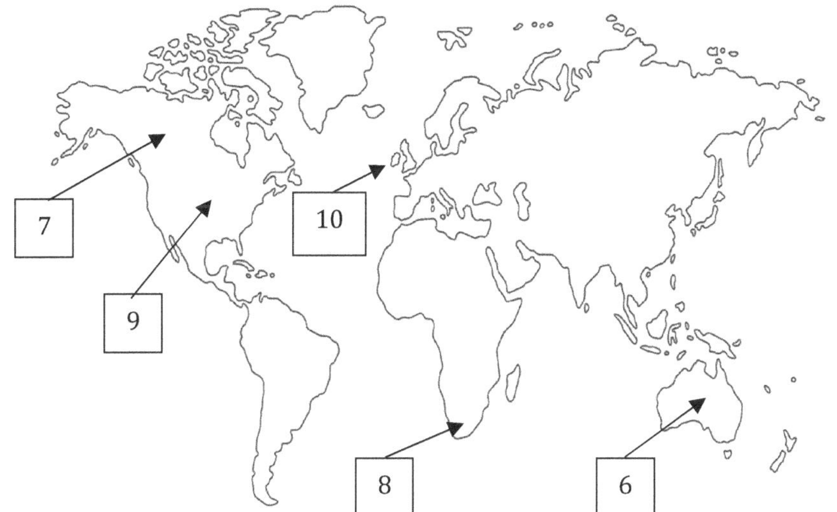

Mapa del mundo	
Número	**País**
	United Kingdom *Reino Unido*
	Australia *Australia*
	United States *Estados Unidos*
	South Africa *Sudáfrica*
	Canada *Canadá*

Unidad 4. Decir dónde vivo y de dónde soy: LECTURA

My name is Charles. I am twenty-two and my birthday is on 9th August. I live in Cardiff, in Wales. I live in a pretty house in the city centre. I have two brothers: Philip and Albert. I like Philip a lot, but Albert is a bit annoying.

My friend John lives in Kent, in the south-east of England. He lives in a flat in an old building, also in the city centre.

My name is Isobel. I am twenty-one years old, and I live in Belfast, the capital of Northern Ireland, with my friend Marina. We live in a big modern flat on the outskirts. My birthday is on 2nd June and Marina's birthday is on 12th July. In my flat, I have a dog called Bandit. He is very big and funny. His birthday is on 1st April. Bandit is three years old. I also have a small and very pretty spider called Incy. My spider's birthday is also on 1st April. So, I usually have a party for my two animals at the same time. It's very practical.

My name is Ray. I am fifteen and I live in Ottawa, in Canada. In my family, there are four of us: my parents, my brother Guy and me. My birthday is on 11th September and so is Guy's birthday. We are twins!

My name is Emily. I am nine years old and I live in Bournemouth, on the coast of England. I live in a house with my parents and my older sister, Sarah. My birthday is on 9th May and Sarah's birthday is on 30th March. She is eleven years old. My house is big and pretty and it is by the sea. I like it very much!

1. Encuentra el inglés para estos términos en el texto de Isobel

a. Me llamo

b. Tengo 21 años

c. Vivo en

d. Un piso grande

e. En las afueras

f. El 1 de abril

g. Es muy grande

h. Su cumpleaños

2. Completa estas frases sobre Charles

a. Tengo __________ años.

b. Mi cumpleaños es el _____ ____ __________.

c. Vivo en una casa __________.

d. Mi casa está en el __________.

e. Me llevo bien con Philip, pero Albert es un poco _______.

f. Mi amigo John vive en __________.

3. Responde a las siguientes preguntas sobre los cuatro textos

a. ¿Cuántos años tiene Ray?

b. ¿Por qué Ray y Guy celebran su cumpleaños juntos? ¿Qué significa *twins*?

c. ¿Quién se lleva bien con solo uno de sus hermanos?

d. ¿Quién tiene un amigo que vive en otra ciudad?

e. ¿Quién vive junto al mar?

f. ¿Quién no vive en el Reino Unido?

4. Corrige la información errónea sobre Emily

a. Emily vive en Bournemouth, en la montaña.

b. En la familia de Emily hay tres personas.

c. Su cumpleaños es el 9 de marzo.

d. El cumpleaños de Sarah es el tres de marzo.

e. Emily vive en un piso en la costa.

Unidad 4. Decir dónde vivo y de dónde soy: TRADUCCIÓN / ESCRITURA

1. Traduce al español.

a. I live in

b. A house

c. A flat

d. Pretty

e. Big

f. In a building

g. Old

h. Modern

i. In the centre

j. On the outskirts

k. On the coast

l. I am from

m. In England

2. Completa las frases.

a. I live on the ______________________.
Vivo en las afueras.

b. In a new ______________________.
En un edificio nuevo.

c. I live in a ______________________ flat.
Vivo en un apartamento pequeño.

d. On the ______________________.
En la costa.

3. Completa con una palabra adecuada.

a. I am from Cardiff, the capital of ______________.

b. I am from Manchester, in ______________.

c. I live in a big flat in the ______________.

d. I live in a pretty house on the ______________.

e. I am from Dublin, the capital of ______________.

f. I live in Canberra, the capital of ______________.

4. Traducción: frases cortas.

a. Vivo en

b. Soy de

c. Una casa

d. Un piso

e. Nuevo

f. Pequeño

g. En un edificio antiguo

h. En el centro

i. En las afueras

j. En la costa

5. Traducción: frases completas.

a. Soy de Canterbury, en Kent, en Inglaterra. Vivo en una casa grande y bonita en las afueras.

b. Soy de Montreal, en Quebec. Vivo en un piso pequeño y bonito en el centro de la ciudad.

c. Soy de Dublín, en Irlanda. Vivo en un piso grande en las afueras.

d. Soy de Nueva Delhi, la capital de la India. Vivo en un piso moderno en la costa. Mi piso es pequeño pero muy bonito.

Unidad 4. Decir dónde vivo y de dónde soy: ESCRITURA

1. Añade las letras que faltan

a. My na_ _ is Paul.

b. I l_ _e in a pre_ _y hou_ _.

c. I li_ _ in a mod_ _n fl_ _.

d. I l_ _e in a ho_ _e in the c_ _tre.

e. I a_ fr_ _ Can_ _rbury.

f. I a_ f_ _m Ot_ _wa, i_ C_nad_.

g. I l_ _e i_ a s_ _ll f_ _t, i_ Lond_ _.

h. I a_ f_o_ Gabor_ _e, in B_ _swana.

2. Encuentra y corrige los errores de ortografía

a. I am from Lendon, in England.

b. I liv in Canturbery, in Kent.

c. I live in an small house.

d. I live in a big flatt.

e. I live in a moderne building.

f. I live in New-Zelande.

3. Responde a las preguntas en inglés

a. What is your name?

b. How old are you?

c. When is your birthday?

d. Where are you from?

e. Where do you live?

4. Anagramas: países y ciudades de habla inglesa

ej. thaB *Bath*

a. nodonL ____________

b. elasBft ____________

c. blDuni ____________

d. glEndna ____________

e. Atrusiala ____________

f. Weals ____________

g. daaCna ____________

h. Sdncotal ____________

5. Escritura guiada: escribe 5 párrafos en la primera persona del singular (yo), describiendo a cada una de estas personas

Nombre	Edad	Cumpleaños	Ciudad	País
Simon	12	20.06	Belfast	Irlanda del Norte
Alfie	14	14.10	Dublin	Irlanda
Andy	11	14.01	Londres	Inglaterra
Charlie	13	17.11	Cardiff	Gales
Sam	15	19.10	Edimburgo	Escocia

6. Describe a esta persona en tercera persona (él)

Nombre: Matthew

Edad: 16

Cumpleaños: 15 mayo

Ciudad y país de origen: Ottawa, Canadá

Ciudad y país de residencia: Londres, Inglaterra

GRAMÁTICA RÁPIDA

Las preposiciones: Una preposición es una palabra (a veces un grupo de palabras) que sirve para situar a una persona o a una cosa en el tiempo o el espacio. En esta página nos centraremos en las preposiciones ***in*** y ***on***.

La preposición *in*

IN se utiliza:

Are you in Bath?

- con los meses: ***in*** *June* (en junio)
- con las estaciones: ***in*** *summer* (en verano)
- con nombres de países: ***in*** *Ireland* (en Irlanda)
- con nombres de ciudades: ***in*** *Toronto*
- con momentos del día
  in *the morning* (por la mañana)
  in *the afternoon* (por la tarde)
  Pero «por la noche» se dice: ***at*** *night*

IN se traduce literalmente **en**, por lo que se utiliza para decir que uno vive en un apartamento o una casa (***in*** *a house* / ***in*** *a flat*), ¡porque uno vive dentro!

La preposición *on*

No, I am in London, on Bond Street!

ON se utiliza:

- con los días de la semana:
  on *Mondays* / ***on*** *Tuesdays*
- con las fechas:
  my birthday is ***on*** *12th May*
- con el nombre de las calles:
  on *Bond Street*

ON se traduce **en** con la palabra ***coast***: *I live* ***on*** *the coast* (vivo **en** la costa)

Lo mismo ocurre con ***outskirts*** (las afueras, que siempre está en plural): *He lives* ***on*** *the outskirts*, y no ~~*in the outskirts*~~.

1. Elige entre *IN* o *ON*

a. I live **IN/ON** London, **IN/ON** England.

b. My birthday is **IN/ON** 15th January.

c. I live **IN/ON** Main Street, **IN/ON** York.

d. My brother lives **IN/ON** the outskirts.

e. My sister lives **IN/ON** a new flat.

2. Encuentra y corrige los errores

a. I live in the coast, in Spain, with my dog.

b. My friend Timothy lives in the outskirts.

c. She lives on Dublin, on Ireland.

d. My birthday is in 17th of September.

e. I live in New Delhi, on India.

3. Traduce al inglés (recuerda que los adjetivos van delante del nombre)

a. Vivo en Cardiff, Gales.

b. Mi cumpleaños es el 20 de febrero.

c. Vive en las afueras de Londres.

d. Vive en un edificio antiguo.

e. Vivo en una casa bonita en la costa.

f. Vive en un edificio antiguo en Bristol.

g. Vivo en un edificio nuevo en Gaborone.

h. Soy de Belfast, en Irlanda del Norte.

i. Vive en una casa antigua en Dublín.

j. Vive en Bond Street, en Londres.

Ni serpientes ni escaleras

SALIDA	1 Vivo en una casa bonita	2 Vivo en un edificio moderno	3 Vivo en las afueras	4 Vivo en la costa	5 Soy de Canberra en Australia	6 Soy de Cardiff en Gales	7 Vivo en un edificio antiguo
15 Soy de Londres	14 Tiene el pelo corto y castaño claro	13 La capital de Botswana	12 Soy de Dublín en Irlanda	11 Tengo bigote y barba	10 Vivo en una casa bonita y pequeña	9 Su cumple es el 12 de abril	8 Tiene el pelo corto y negro
16 Soy de Montreal en Canadá	17 Mi cumple es el primero de junio	18 Me llamo Matt y tengo 15 años	19 Vivo en una casa en la costa	20 La capital de India	21 Vivo en un piso en la ciudad	22 Tengo qunce años y soy de París	23 Tiene barba y un bigote bonito
LLEGADA	30 Soy de Belfast	29 Vivo en Ottawa en Canadá	28 Soy de Escocia	27 La capital de los Estados Unidos	26 Tiene el pelo largo y ondulado	25 Mi casa es grande y bonita	24 Vivo en una casa moderna en Inglaterra

Ni serpientes ni escaleras

START	1 I live in a pretty house	2 I live in a modern building	3 I live on the outskirts	4 I live on the coast	5 I am from Canberra in Australia	6 I am from Cardiff in Wales	7 I live in an old building
15 I am from London	14 She has short, light brown hair	13 The capital of Botswana	12 I am from Dublin in Ireland	11 I have a moustache and a beard	10 I live in a small, pretty house	9 His/Her birthday is on [the] twelfth [of] April	8 He has short, black hair
16 I am from Montreal in Canada	17 My birthday is on [the] first [of] June	18 My name is Matt and I am fifteen years old	19 I live in a house on the coast	20 The capital of India	21 I live in an apartment in the city	22 I am 15 years old and I am from Paris	23 He has a beard and a nice moustache
FINISH	30 I am from Belfast	29 I live in Ottawa in Canada	28 I am from Scotland	27 The capital of the United States	26 She has long, wavy hair	25 My house is big and pretty	24 I live in a moderm house in England

Unidad 4. Decir dónde vivo y de dónde soy: HABLAR

Traduce cada paso de la pirámide en voz alta con tu pareja. Cuando termines, escribe la traducción en las casillas de abajo.

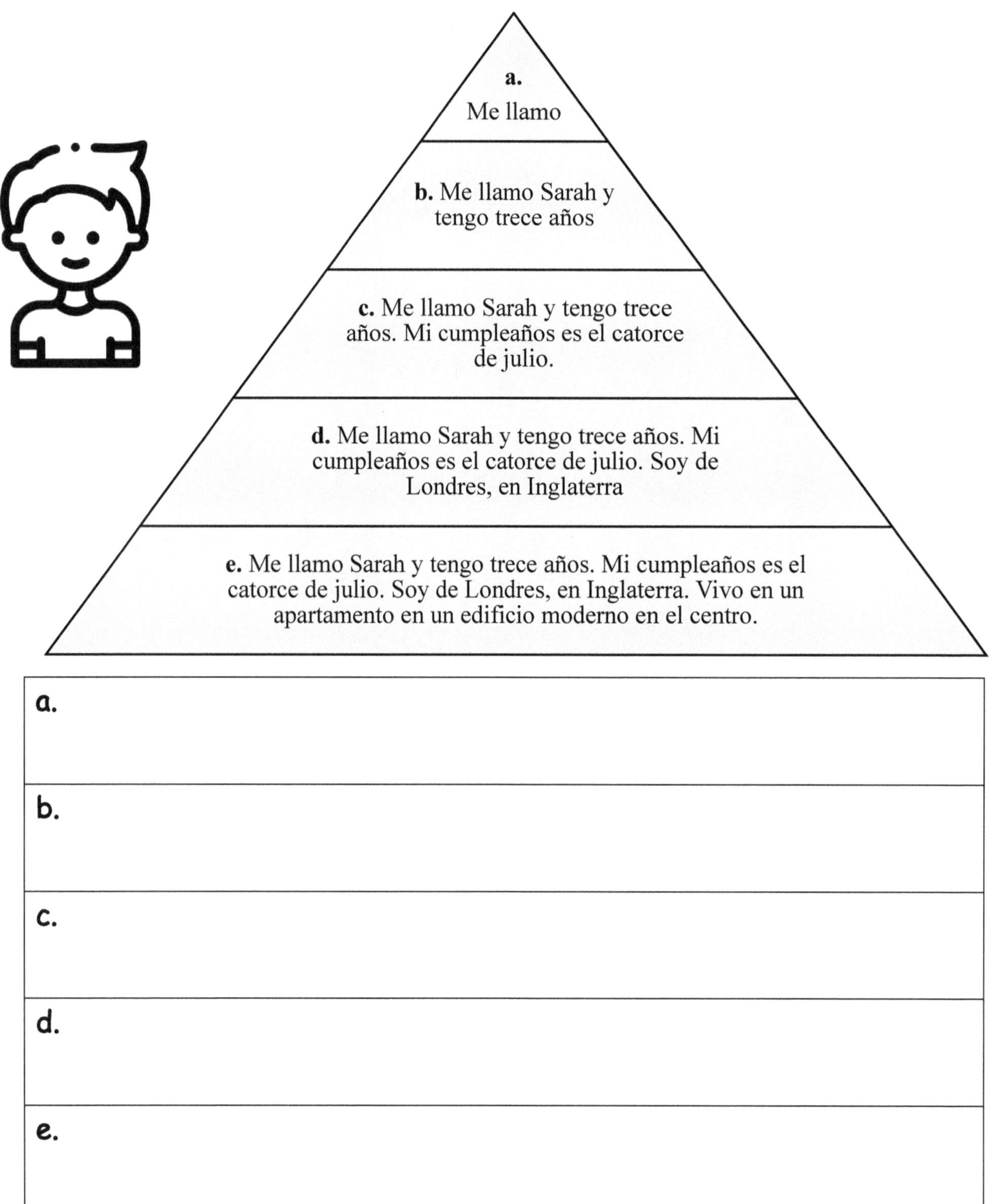

Unidad 4: Decir dónde vivo y de dónde soy

Unidad 4. Decir dónde vivo y de dónde soy: VOCABULARIO (Página 42)

1. Completa con las palabras que faltan

a. I live in **a** house. b. I like my **flat.** c. I am **from** London. d. I **live** on the coast. e. An old **building.**

2. Une

Big – Grande **Small** – Pequeño **Old** – Antiguo **Modern** – Moderno **The centre** – El centro
The coast – La costa **I am from** – Soy de **The outskirts** – Las afueras **Beautiful** – Bonito
I live in – Vivo en **Morocco** – Marruecos

3. Traduce al español

a. Soy de Londres. b. Vivo en una casa. c. Mi piso es pequeño. d. En un edificio moderno
e. Soy de Ottawa, en Canadá. f. Vivo en un piso en la costa.

4. Añade las letras que faltan

a. Cardiff b. London c. Belfast d. Ottawa e. Rome f. Canberra g. Dublin h. Washington

5. Palabras rotas

a. I **am from Wellington.** b. I **live** in a **big house.** c. The **capital** of **England**
d. I **live** in a **flat** in Bournemouth. e. I **live** in a **small house.** f. I **have** red hair.

6. Completa con una palabra adecuada. Acepta otras opciones correctas

a. I am **from** Brighton. b. I live **in** a house. c. In an **old** building d. I live on the **outskirts/coast.**
e. I like my **house/flat.** f. I live in a **big/small** house. g. I am from **(un país/una ciudad)**
h. I live in a **big/small** flat. i. I **am** from Canberra. j. I live in a **new/modern** building. k. She is **from** England.

Unidad 4. Prueba de geografía (Página 43)

Las islas británicas: 1 – **England** 2 – **Wales** 3 – **Scotland** 4 – **Ireland** 5 – **Northern Ireland**
Mapa del mundo: 6 – **Australia** 7 – **Canada** 8 – **South Africa** 9 – **United States** 10 – **United Kingdom**

Unidad 4. Decir dónde vivo y de dónde soy: LECTURA (Página 44)

1. Encuentra el inglés para estos términos en el texto de Isobel

a. My name is b. I am twenty-one years old. c. I live in d. A big flat e. On the outskirts f. 1st April
g. He is very big. h. His birthday

2. Completa estas frases sobre Charles

a. Tengo **22** años. b. Mi cumpleaños es el **9 de agosto.** c. Vivo en una casa **bonita.** d. Mi casa está en el **centro.**
e. Me llevo bien con Philip, pero Albert es un poco **molesto.** f. Mi amigo John vive en **Kent.**

3. Responde a las siguientes preguntas sobre los cuatro textos

a. 15 años b. Porque son gemelos c. Charles d. Charles e. Emily f. Ray

4. Corrige la información errónea sobre Emily

a. Emily vive en Bournemouth, en la **costa.** b. En la familia de Emily hay **cuatro** personas.
c. Su cumpleaños es el 9 de **mayo.** d. El cumpleaños de Sarah es el **treinta** de marzo.
e. Emily vive en una **casa** en la costa.

Unidad 4. Decir dónde vivo y de dónde soy: TRADUCCIÓN / ESCRITURA (Página 45)

1. Traduce al español

a. Vivo en b. Una casa c. Un piso d. Bonito/a e. Grande f. En un edificio g. Antiguo h. Moderno
i. En el centro j. En las afueras k. En la costa l. Soy de m. En Inglaterra

2. Completa las frases

a. I live on the **outskirts** b. In a new **building** c. I live in a **small** flat d. On the **coast**

3. Completa con una palabra adecuada. Acepta otras opciones correctas

a. I am from Cardiff, the capital of **Wales.** b. I am from Manchester, in **England.** c. I live in a big flat in the **centre.**
d. I live in a pretty house on the **coast.** e. I am from Dublin, the capital of **Ireland.**
f. I live in Canberra, the capital of **Australia.**

4. Traducción: frases cortas

a. I live in b. I am from c. A house d. A flat e. New f. Small g. In an old building
h. In the centre i. On the outskirts j. On the coast

5. Traducción: frases completas

a. I am from Canterbury, in Kent, in England. I live in a big and pretty house on the outskirts.
b. I am from Montreal, in Quebec. I live in a small, pretty flat in the city centre.
c. I am from Dublin, in Ireland. I live in a big flat on the outskirts.
d. I am from New Delhi, the capital of India. I live in a modern flat on the coast. My flat is small but very pretty.

Unidad 4. Decir dónde vivo y de dónde soy: ESCRITURA (Página 46)

1. Añade las letras que faltan

a. My na**me** is Paul. b. I **live** in a pre**tty** hou**se.** c. I **live** in a mod**er**n fl**at.** d. I **live** in a ho**us**e in the **cen**tre.
e. I **am** fr**om** Cant**er**bury. f. I **am** fr**om** Ot**ta**wa, **in** C**a**nad**a.** g. I **live in** a s**ma**ll **fla**t, **in** Lond**on.**
h. I **am from** Gabor**one**, in B**o**tswana.

2. Encuentra y corrige los errores de ortografía

a. I am from ~~Lendon~~ **London,** in England. b. I live in ~~Canturbery~~ **Canterbury**, in Kent.
c. I live in ~~an~~ **a** small house. d. I live in a big ~~flatt~~ **flat.** e. I live in a ~~moderne~~ **modern** building.
f. I live in New-~~Zelande~~ **Zealand**

3. Responde a las preguntas en inglés. Acepta una respuesta lógica.

a. My name is John. b. I am eleven years old. c. My birthday is on 6th July. d. I am from London.
e. I live in Scotland.

4. Anagramas: países y ciudades de habla inglesa

ej. Kent a. London b. Belfast c. Dublin d. England e. Australia f. Wales g. Canada h. Scotland

5. Escritura guiada

Simon: My name is Simon. I am twelve years old. My birthday is on 20th June. I am from Belfast, the capital of Northern Ireland.

Alfie: My name is Alfie. I am fourteen years old. My birthday is on 14th October. I am from Dublin, the capital of Ireland.

Andy: My name is Andy. I am eleven years old. My birthday is on 14th January. I am from London, the capital of England.

Charlie: My name is Charlie. I am thirteen years old. My birthday is on 17th November. I am from Cardiff, the capital of Wales.

Sam: My name is Sam. I am fifteen years old. My birthday is on 19th October. I am from Edinburgh, the capital of Scotland.

6. Describe a esta persona

His name is Matthew. He is sixteen years old. His birthday is on 15th May. He is from Ottawa, in Canada, but he lives in London, in England.

Unidad 4: GRAMÁTICA RÁPIDA (Página 47)

1. Elige entre IN o ON

a. I live **in** London, **in** England. b. My birthday is **on** 15th January. c. I live **on** Main Street, **in** York.

d. My brother lives **on** the outskirts. e. My sister lives **in** a new flat.

2. Encuentra y corrige los errores

a. I live ~~in~~ **on** the coast, in Spain, with my dog. b. My friend Timothy lives ~~in~~ **on** the outskirts.

c. She lives ~~on~~ **in** Dublin, ~~on~~ **in** Ireland. d. My birthday is ~~in~~ **on** 17th of September.

e. I live in New Delhi, ~~on~~ **in** India.

3. Traduce al inglés

a. I live in Cardiff, in Wales. b. My birthday is on 20th February. c. He/She lives on the outskirts of London.

d. He/She lives in an old building. e. I live in a beautiful house on the coast.

f. He/She lives in an old building in Bristol. g. I live in a new building in Gaborone.

h. I am from Belfast, in Northern Ireland.

i. He/She lives in an old house in Dublin. j. He/She lives on Bond Street, in London.

Unidad 4. Decir dónde vivo y de dónde soy: HABLAR (Página 50)

My name is Sarah and I am thirteen years old. My birthday is on [the] fourteenth [of] July. I am from London, in England. I live in a flat in a modern building in the centre.

UNIDAD 5

Hablar de los miembros de mi familia, su edad, cómo me llevo con ellos y contar hasta 100

Revisión rápida 1: Números 1-100, fechas y cumpleaños, descripciones, familia

En esta unidad aprenderás a decir:

- Cuántas personas hay en tu familia y quiénes son
- Si te llevas bien con ellos
- Palabras para diferentes miembros de tu familia y su edad
- Los números del 31 al 100

También vas a repasar:

- Los números del 1 al 30
- Describir los ojos y el pelo

UNIDAD 5

Hablar de los miembros de mi familia, su edad, cómo me llevo con ellos y contar hasta 100

	my big / older brother, Darren. *mi hermano mayor, Darren.*		**one**	*1*	**year old**
			two	*2*	
	my cousin, Theo. *mi primo, Theo.*		**three**	*3*	
			four	*4*	
In my family there is *En mi familia hay*			**five**	*5*	
	my father, John. *mi padre, John.*		**six**	*6*	
		He is **Tiene*	**seven**	*7*	
	my grandfather, Lincoln. *mi abuelo, Lincoln.*		**eight**	*8*	
There are four people in my family *Hay cuatro personas en mi familia*			**nine**	*9*	
			ten	*10*	
	my little / younger brother, Oliver. *mi hermano menor, Oliver.*		**eleven**	*11*	
			twelve	*12*	
			thirteen	*13*	
	my uncle, David. *mi tío, David.*		**fourteen**	*14*	
			fifteen	*15*	
I get on well with *Me llevo bien con*			**sixteen**	*16*	
			seventeen	*17*	**years old**
	my aunt, Eve. *mi tía, Eve.*		**eighteen**	*18*	
			nineteen	*19*	
I do not / don't get on well with *No me llevo bien con*	**my big / older sister, Jade.** *mi hermana mayor, Jade.*		**twenty**	*20*	
			twenty-one	*21*	
			twenty-two	*22*	
	my cousin, Claire. *mi prima, Claire.*		**thirty**	*30*	
		She is *Tiene*	**thirty-one**	*31*	
I get on badly with *Me llevo mal con*	**my grandmother, Theresa.** *mi abuela, Theresa.*		**thirty-two**	*32*	
			forty	*40*	
			fifty	*50*	
	my little / younger sister, Sophia. *mi hermana menor, Sophia.*		**sixty**	*60*	
			seventy	*70*	
	my mother, Anne. *mi madre, Anne.*		**eighty**	*80*	
			ninety	*90*	
			one hundred	*100*	

***Nota del autor: No olvides que en inglés para hablar de la edad no utilizamos el verbo** to have ***(tener)*, sino el verbo** to be ***(ser / estar)*.**

Unidad 5. Hablar de los miembros de mi familia + Números 1-100: VOCABULARIO

1. Completa con la palabra que falta

a. In my ________________ there is.
En mi familia hay.

b. There are ______________ people.
Hay cinco personas.

c. My __________________, Ian.
Mi tío, Ian.

d. My grandfather _________ eighty years old.
Mi abuelo tiene ochenta años.

e. My __________________ Elsy.
Mi madre Elsy.

2. Une

sixteen	12
twelve	48
twenty-one	13
ten	16
thirty-three	10
thirteen	21
forty-eight	15
fifty-two	5
five	33
fifteen	52

3. Traduce al español

a. I do not get on well with

b. My grandmother Eve

c. There are four people

d. In my family

e. I get on well with

f. She is twenty years old.

4. Añade las letras que faltan

a. fa__ily	c. p__ople	e.br__ther	g. mot__er	i. I get o__	k. fi__teen
b. m__	d. grandf__ther	f. b__g	h. c__usin	j. w__ll	l. te__

5. Palabras rotas

a. T________ are s________ p________________.
Hay seis personas.

b. M________ s___________ is t_______________.
Mi hermana tiene 12 años.

c. In my f________________ t___________ is
En mi familia hay

d. My c____________'s n_______________ is Steve.
Mi primo se llama Steve.

e. My f____________ is f_________-f__________.
Mi padre tiene cincuenta y cinco años.

f. I g________ on w_______ with my b__________.
Me llevo bien con mi hermano.

6. Completa con una palabra adecuada

a. In my _________________

b. There are three __________

c. My little _______________

d. She is _________________

e. My big ________________

f. I get on ________________

g. I am four years _________

h. I get on with my ________

i. I am from _______________

j. I do not have a __________

Unidad 5. Hablar de los miembros de mi familia + Números 1-100: VOCABULARIO

1. Une

There are	En mi
In my	Familia
With	Hay
I get on well	Siete
Family	Me llevo bien
Seven	Con

2. Completa con la palabra que falta

a. There ________________five people.
Hay cinco personas.

b. My __________________John is sixty.
Mi padre John tiene sesenta años.

c. I ____________________on with my uncle.
Me llevo bien con mi tío.

d. I get on _______________with my cousin.
Me llevo mal con mi primo.

e. My aunt Gina __________forty years old.
Mi tía Gina tiene cuarenta años.

f. He is _________________years old.
Tiene dieciocho años.

3. Traduce al español

a. He is nine years old.

b. She is forty years old.

c. My father is forty-four years old.

d. I get on badly with my uncle.

e. I get on well with my brother.

f. My little sister is five years old.

g. There are eight people.

h. In my family, there is

4. Palabras rotas

a. My b___g brother
Mi hermano mayor

b. In my f______y there are three people.
En mi familia hay tres personas.

c. My cousin is e________n years old.
Mi primo tiene 18 años.

d. I get on b______y with my brother.
No me llevo bien con mi hermano.

e. My u________e is f________y years old.
Mi tío tiene cuarenta años.

f. I get on v___y w___l with my cousin.
Me llevo muy bien con mi prima.

g. My c________n is f________n years old.
Mi primo tiene 15 años.

5. Traduce al inglés

a. En mi familia

b. Hay

c. Mi padre

d. Él tiene 40 años

e. Me llevo bien

f. Con

6. Encuentra y corrige los errores

a. In my family, there are three people.

b. My grandfather Janet

c. My brother has nine years old.

d. I get on bad with my cousin.

e. My cousin is eigh

Unidad 5. Hablar de los miembros de mi familia + Números 1-100: TRADUCCIÓN

1. Une

Twenty	30
Thirty	70
Forty	100
Fifty	50
Sixty	20
Seventy	80
Eighty	40
Ninety	60
One hundred	90

2. Escribe los números en inglés

a. 35 thirty-five

b. 63 s

c. 89 e

d. 74 s

e. 98 n

f. 100 o

g. 82 e

h. 24 t

3. Escribe el número que falta

a. I am ________________________-one years old.
Tengo 21 años.

b. My father is ________________-seven years old.
Mi padre tiene 57 años.

c. My mother is ________________-eight years old.
Mi madre tiene 48 años.

d. My grandfather is ____________ hundred years old.
Mi abuelo tiene 100 años.

e. My uncle is ________________ years old.
Mi tío tiene 62 años.

f. They are ____________________ years old.
Tienen 90 años.

g. My cousins are ______________ years old.
Mis primos tienen 44 años.

4. Corrige (en inglés) los errores de traducción

a. Mi padre tiene cuarenta años. *My father is fifty.*

b. Mi madre tiene 50 años. *My mother is fifteen.*

c. Tengo treinta y dos años. *I am forty-two.*

d. Tengo cuarenta y un años. *I am fifty-one.*

e. Tienen treinta y dos años. *They are thirty-four.*

5. Traduce al inglés. Escribe los números con palabras

a. En mi familia hay cuatro personas.

b. Mi madre se llama Suzy y tiene 43 años.

c. Mi padre se llama Peter y tiene 48 años.

d. Mi hermana mayor se llama Jane y tiene 28 años.

e. Mi hermana menor se llama Amanda y tiene 18 años.

f. Mi nombre es Alice y tengo 23 años.

Unidad 5. Hablar de los miembros de mi familia + Números 1-100: ESCRITURA

1. Encuentra y corrige los errores de ortografía

a. foorty *forty*

b. thirsty-one ________________

c. eighth-two ________________

d. twenty one ________________

e. ninty ________________

f. one handred ________________

g. sefen ________________

2. Completa con las letras que faltan

a. My m__ther is fo__ty y__ars ol__

b. My f__ther is fif__y-fiv__ ye__rs o__d

c. My gr__ndpar__nts a__e nin__ty

d. M__ young__r bro__her is twen__y

e. __y gra__dmoth__r i__ eigh__y

f. M__ old__r bro__her i__ t__irty

3. Reescribe las frases en el orden correcto

a. family In there four my people are
En mi familia hay cuatro personas.

b. with well brother on I my get
Me llevo bien con mi hermano.

c. My father's fifty, is he name Michel, is
Mi padre se llama Michel, tiene 50 años.

d. In family father my are three: there mother, my my and I people
En mi familia hay tres personas: mi madre, mi padre y yo.

e. cousin's, name is Yoan and is he thirty-seven My
Mi primo se llama Yoan y tiene 37 años.

f. Nick, is name is My and he eighty-seven grandfather's
Mi abuelo se llama Nick y tiene 87 años.

g. get with on badly my aunt Theresa I
Me llevo mal con mi tía Theresa.

4. Completa las frases

a. I________ m_________ f__________
En mi familia

b. T________ a_____________________
Hay

c. W________ i__________ c__________
Que se llama

d. M________ m____________________
Mi madre

e. M________ f_____________________
Mi padre

5. Escribe una frase en inglés para describir tu relación con estas personas

ej. My brother's name is Paul and he is fifteen years old. I get on very well with him.

Nombre	Relación	Edad	Cómo os lleváis
ej. Paul	***Hermano***	***15***	***Muy bien***
Ben	Padre	57	Mal
Martina	Madre	45	Muy mal
Anne	Tía	60	Bien
Nadim	Tío	67	Muy bien

Revisión rápida 1:
Números 1-100, fechas y cumpleaños, descripciones, familia

1. Une

11	fifteen
12	twelve
13	sixteen
14	eighteen
15	eleven
16	nineteen
17	fourteen
18	twenty
19	seventeen
20	thirteen

2. Traduce las fechas al inglés. Utiliza la regla de las fechas escritas

a. El 30 de junio

b. El 1 de julio

c. El 15 de septiembre

d. El 22 de marzo

e. El 31 de diciembre

f. El 5 de enero

g. El 16 de abril

3. Completa con las palabras que faltan

a. My birthday ____________ on 15th April.

b. I am fourteen ___________ old.

c. My brother _____________ blond _______.

d. _______________________ are you from?

e. In my family there _______ four people.

f. ___________ mother has blue ___________.

g. I am __________________ London.

h. My brother's ___________ is Robert.

hair	from	where	years	name
my	eyes	has	are	is

4. Escribe la solución en inglés

ej. forty – thirty = ten

a. thirty – ten =

b. forty + thirty =

c. twenty x two =

d. eighty – twenty =

e. ninety – forty =

f. thirty x three =

g. twenty + fifty =

5. Completa las palabras

a. My g__________________ *Mi abuelo*

b. My c__________________ *Mi primo*

c. G_________ e___________ *Los ojos verdes*

d. B____________________ *La barba*

e. G____________________ *Las gafas*

f. M___ s________________ *Mi hermana*

g. I h___________________ *Tengo*

6. Traduce al inglés

a. Mi madre tiene el pelo castaño.

b. Tengo los ojos azules.

c. Tengo cuarenta años.

d. Mi padre tiene sesenta años.

e. Mi padre lleva gafas.

f. Mi hermano tiene bigote.

GRAMÁTICA RÁPIDA

TO GET ON (WELL / BADLY) WITH

Llevarse (bien/mal) con

El verbo «llevarse» se traduce en inglés ***to get on.*** Igual que en español, le sigue la preposición «con», por lo que en inglés se dice:

TO GET ON WELL / BADLY WITH

Llevarse bien / mal con

La fórmula que debemos recordar es la siguiente:

I GET ON + WELL / BADLY + WITH + PERSON
(Me llevo + bien / mal + con + persona)

➔ I get on + well + with + my father
Me llevo + bien + con + mi padre
➔ I get on + badly + with + my sister
Me llevo + mal + con + mi hermana

La forma negativa

La forma negativa se forma de manera diferente dependiendo de si el verbo es auxiliar (*to be, to have*) o si es un verbo ordinario (*to study, to get on)*

Si el verbo es ordinario, se utiliza la fórmula ***do*** **+** ***not*** **+ verbo** (o ***does*** + ***not*** + **verbo** en la tercera persona del singular).
Por ejemplo: *I do **not** get on with my brother* (**No** me llevo bien con mi hermano)

La contracción de ***do not*** en ***don't*** y ***does not*** en ***doesn't*** está muy extendida en la lengua hablada. Así que podemos decir:

➔ I **do not** get on with ...
➔ I **don't** get on with ...
➔ He **does not** get on with ...
➔ He **doesn't** get on with ...

Por escrito, es recomendable utilizar ***do not*** y ***does not.***

1. Traduce estas frases al español

a. I get on well with my father.

b. I get on badly with my sisters.

c. I get on well with my mother.

d. I get on badly with my uncle.

e. I get on well with my grandparents.

2. Traduce las palabras en cursiva al inglés

a. I ***llevo*** well ***con*** my brothers.

b. I ***llevo muy*** well ***con*** my parents.

c. I get on ***mal*** with my ***primo*** Jack.

d. ***Me llevo*** well with my sister.

e. I get on well with ***mis abuelos***.

3. Traduce al inglés. No utilices la forma contraída para la negación

a. Me llevo bien con mis padres.

b. No me llevo bien con mis dos hermanos.

c. No me llevo bien con mi hermana.

d. No me llevo bien con mi padre.

e. Me llevo bien con mi hermana pequeña.

f. No me llevo bien con mi tía.

g. Me llevo muy bien con mi prima.

h. No me llevo bien con mi tío.

i. Me llevo bien con mi madre.

Reto: No se lleva bien conmigo.

Ni serpientes ni escaleras

SALIDA	1 En mi familia hay	2 En mi familia hay mi hermano	3 Hay 4 personas en mi familia	4 Me llevo bien con	5 No me llevo bien con	6 Me llevo mal con	7 Tiene 19 años
15 Me llevo mal con mi hermana	14 No me llevo bien con mi hermano	13 Me llevo bien con mis primos	12 Soy de Londres	11 No llevo gafas	10 Vivo en una casa moderna	9 Su cumple es el 20 de febrero	8 Mi tía Anne tiene 40 años
16 Mi hermana mayor Jenifer	17 Tiene 16 años	18 Mi hermana tiene 31 años	19 Vivo en una casa en las afueras	20 Mi madre tiene el pelo negro	21 Mi padre lleva gafas	22 Mi primo John tiene 37 años	23 Mi hermana tiene 42 años
LLEGADA	30 Tengo los ojos verdes	29 En mi familia hay 6 personas	28 Mi madre es de Bristol	27 No me llevo bien con mi padre	26 Mi prima tiene el pelo ondulado	25 Me llevo mal con mi tío Sam	24 Me llevo bien con mi abuela

Ni serpientes ni escaleras

START	1 In my family there is	2 In my family there is my brother	3 There are four people in my family	4 I get on well with	5 I don't get on well with	6 I get on badly with	7 She is 19 years old
15 I get on badly with my sister	14 I don't get on well with my brother	13 I get on well with my cousins	12 I am from London	11 I don't wear glasses	10 I live in a modern house	9 Her birthday is on [the] 20th [of] February	8 My aunt Anne is 40 years old
16 My older sister Jennifer	17 He is 16 years old	18 My sister is 31 years old	19 I live in a house on the outskirts	20 My mum has black hair	21 My dad wears glasses	22 My cousin John is 37 years old	23 My sister is 42 years old
FINISH	30 I have green eyes	29 In my family there are six people	28 My mother is from Bristol	27 I get on badly with my dad	26 My cousin has wavy hair	25 I get on badly with my uncle Sam	24 I get on well with my grandma

Unidad 5. Hablar de los miembros de mi familia: HABLAR

Traduce cada paso de la pirámide en voz alta con tu pareja. Cuando termines, escribe la traducción en las casillas de abajo.

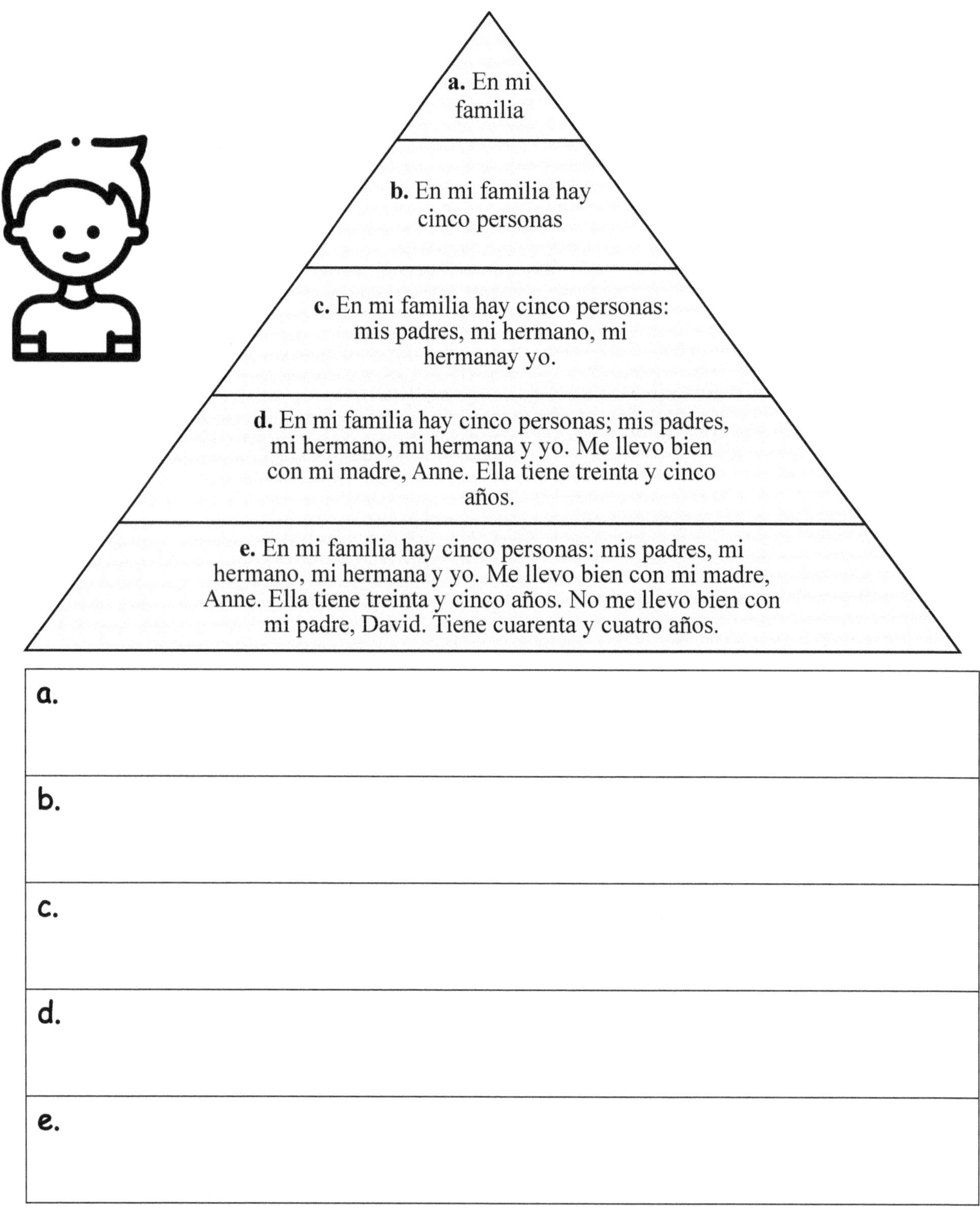

UNIDAD 5. Hablar de los miembros de mi familia + Números 1-100

Unidad 5. Hablar de los miembros de mi familia: VOCABULARIO (Página 56)

1. Completa con la palabra que falta

a. In my **family** there is b. There are **five** people. c. My **uncle**, Ian d. My grandfather **is** eighty years old.
e. My **mother** Elsy

2. Une

sixteen – **16** twelve – **12** twenty-one – **21** ten – **10** thirty-three – **33** thirteen – **13** forty-eight – **48**
fifty-two – **52** five – **5** fifteen – **15**

3. Traduce al español

a. No me llevo bien con b. Mi abuela Eve c. Hay cuatro personas d. En mi familia e. Me llevo bien con
f. Tiene veinte años

4. Añade las letras que faltan

a. fa**mi**ly b. m**y** c. p**e**ople d. grandf**a**ther e. br**o**ther f. bi**g** g. mot**h**er h. co**u**sin
i. I get o**n** j. we**ll** k. fi**f**teen l. te**n**

5. Palabras rotas

a. T**here** are si**x** **people** b. M**y** s**ister** is t**welve** c. In my f**amily** **there** is d. My c**ousin**'s n**ame** is Steve
e. My f**ather** is f**ifty-five** f. I g**et** on w**ell** with my b**rother.**

6. Completa con una palabra adecuada. Acepta otras opciones correctas

a. In my **family** b. There are three **people** c. My little **brother/sister** d. She is **seven/eight/etc.**
e. My big **brother/sister** f. I get on **well/badly** g. I am four years **old** h. I get on with my **mother/brother/etc.**
i. I am from **London/Canada/etc.** j. I do not have a **cousin/brother/etc.**

Unidad 5. Hablar de los miembros de mi familia: VOCABULARIO (Página 57)

1. Une

There are – Hay **In my** – En mi **With** – Con **I get on well** – Me llevo bien **Family** – Familia **Seven** – Siete

2. Completa con la palabra que falta

a. There **are** five people b. My **father** John is sixty c. I **get** on with my uncle. d. I get on **badly** with my cousin.
e. My aunt Gina **is** forty years old. f. He is **eighteen** years old.

3. Traduce al español

a. Él tiene nueve años. b. Ella tiene cuarenta años. c. Mi padre tiene cuarenta y cuatro años.
d. Me llevo mal con mi tío. e. Me llevo bien con mi hermano. f. Mi hermana pequeña tiene cinco años.
g. Hay ocho personas h. En mi familia hay

4. Palabras rotas

a. My b**i**g brother b. In my f**amil**y there are three people. c. My cousin is e**ighte**en years old.
d. I get on b**adly** with my brother. e. My u**ncle** is f**ort**y years old. f. I get on v**er**y w**e**ll with my cousin.
g. My c**ousi**n is f**iftee**n years old.

5. Traduce al inglés

a. In my family b. There is c. My father d. He is forty years old e. I get on well f. With

6. Encuentra y corrige los errores

a. In my family, there are three ~~peeple~~ **people.** b. My ~~grandfather~~ **grandmother** Janet
c. My brother ~~has~~ **is** nine years old. d. I get on ~~bad~~ **badly** with my cousin. **e.** My cousin is ~~eigh~~ **eight**

Unidad 5. Hablar de los miembros de mi familia: TRADUCCIÓN (Página 58)

1. Une

Twenty – **20** Thirty – **30** Forty – **40** Fifty – **50** Sixty – **60** Seventy – **70** Eighty - **80** Ninety – **90** One hundred – **100**

2. Escribe los números en inglés

a. 35 – **thirty-five** b. 63 – **sixty-three** c. 89 – **eighty-nine** d. 74 – **seventy-four** e. 98 – **ninety-eight** f. 100 – **one hundred** g. 82 – **eighty-two** h. 24 – **twenty-four**

3. Escribe el número que falta

a. I am **twenty-one** years old. b. My father is **fifty**-seven years old. c. My mother is **forty**-eight years old. d. My grandfather is **one** hundred years old. e. My uncle is **sixty-two** years old. f. They are **ninety** years old. g. My cousins are **forty-four** years old.

4. Corrige los errores de traducción

a. My father is **forty.** b. My mother is **fifty.** c. I am **thirty-two** d. I am **forty**-one e. They are thirty-**two**

5. Traduce al inglés

a. In my family there are four people.
b. My mother's name is Suzy and she is forty-three years old.
c. My father's name is Peter and he is forty-eight years old.
d. My big/older sister's name is Jane and she is twenty-eight years old.
e. My little/younger sister's name is Amanda and she is eighteen years old.
f. My name is Alice and I am twenty-three years old.

Unidad 5. Hablar de los miembros de mi familia: ESCRITURA (Página 59)

1. Encuentra y corrige los errores de ortografía

a. foorty – **forty** b. thirsty-one – **thirty-one** c. eighth-two – **eighty-two** d. twenty one – **twenty-one** e. ninty – **ninety** f. one handred – **one hundred** g. sefen – **seven**

2. Completa con las letras que faltan

a. My mother is forty years old. b. My father is fifty-five years old. c. My grandparents are ninety. d. My younger brother is twenty e. My grandmother is eighty f. My older brother is thirty.

3. Reescribe las frases en el orden correcto

a. In my family there are four people. b. I get on well with my brother. c. My father's name is Michel, he is fifty-two. d. In my family, there are three people: my mother, my father and I. e. My cousin's name is Yoan, and he is thirty-seven. f. My grandfather's name is Nick, and he is eighty-seven. g. I get on badly with my aunt Theresa.

4. Completa las frases

a. In my family b. There are c. Who is called d. My mother e. My father

5. Escribe una frase para describir tu relación estas personas

Ben: My father's name is Ben and he is fifty-seven years old. I get on badly with him.
Martina: My mother's name is Martina and she is forty-five years old. I get on very badly with her.
Anne: My aunt's name is Anne and she is sixty years old. I get on well with her.
Nadim: My uncle's name is Nadim and he is sixty-seven years old. I get on very well with him.

Revisión rápida 1 (Página 60)

1. Une

eleven – 11 **twelve** – 12 **thirteen** – 13 **fourteen** – 14 **fifteen** – 15 **sixteen** – 16 **seventeen** – 17 **eighteen** – 18 **nineteen** - 19 **twenty** – 20

2. Traduce las fechas al inglés

a. 30th June b. 1st July c. 15th September d. 22nd March e. 31st December f. 5th January g. 16th April

3. Completa con las palabras que faltan

a. My birthday **is** on 15th April. b. I am fourteen **years** old. c. My brother **has** blond **hair.**
d. **Where** are you from? e. In my family there **are** four people f. **My** mother has blue **eyes** g. I am **from** London
h. My brother's **name** is Robert

4. Escribe la solución, en inglés, de cada cálculo a continuación

a. twenty b. seventy c. forty d. sixty e. fifty f. ninety g. seventy

5. Completa las palabras

a. My g**randfather** b. My **cousin** c. G**reen eyes** d. B**eard** e. G**lasses** f. My s**ister** g. I h**ave**

6. Traduce al inglés

a. My mother has brown hair. b. I have blue eyes. c. I am forty years old. d. My father is sixty years old.
e. My father wears glasses. f. My brother has a moustache.

Unidad 5. GRAMÁTICA RÁPIDA (Página 61)

1. Traduce estas frases al español

a. Me llevo bien con mi padre. b. No me llevo bien / Me llevo mal con mis hermanas.
c. Me llevo bien con mi madre. d. Me llevo mal con mi tío. e. Me llevo bien con mis abuelos.

2. Traduce las palabras en cursiva al inglés

a. I **get on** well **with** my brothers. b. I **get on very** well **with** my parents. c. I get on **badly** with my **cousin** Jack.
d. **I get** on well with my sister. e. I get on well with my **grandparents.**

3. Traduce al inglés

a. I get on well with my parents. b. I do not get on well with my two brothers.
c. I do not get on well with my sister. d. I do not get on well with my father.
e. I get on well with my younger/little sister. f. I do not get on well with my aunt.
g. I get on very well with my cousin. h. I do not get on well with my uncle. i. I get on well with my mother.
Reto: He does not get on well with me.

Unidad 5. Hablar de los miembros de mi familia: HABLAR (Página 64)

In my family, there are five people: my parents, my brother, my sister and me. I get on well with my mother, Anne. She is thirty-five years old. I do not get on well with my father, David. He is forty-four years old.

UNIDAD 6 (Parte 1/2)
Describirse y describir a los miembros de la familia: físico y personalidad

En esta unidad aprenderás:

- A describir los miembros de tu familia
- Adjetivos comunes
- La tercera persona del verbo ***to be*** (ser): ***he is*** (él es), ***she is*** (ella es)
- Todas las personas del verbo ***to have*** (tener) en presente

También vas a repasar:

- Los números del 1 al 31
- Describir los ojos y el pelo

UNIDAD 6 (Parte 1/2)

Describirse y describir a los miembros de la familia: físico y personalidad

<table>
<tr>
<td>I
Yo</td>
<td>am
soy</td>
<td rowspan="2">beautiful guapo/a
fun divertido/a
funny gracioso/a
generous generoso/a
handsome guapo
kind amable
muscular musculoso/a
nice simpático/a
pretty guapo/a
short bajo/a
shy tímido/a
slim delgado/a
strong fuerte
tall alto/a</td>
<td rowspan="2">but
pero</td>
<td>I am
soy

I am not
no soy</td>
<td rowspan="2">arrogant arrogante
boring aburrido/a
cruel cruel
dishonest deshonesto/a
fat gordo/a
mean malo/a
selfish egoísta
stubborn terco/a
stupid estúpido/a
ugly feo/a
unfriendly antipático/a
weak débil</td>
</tr>
<tr>
<td>My big/older brother
Mi hermano mayor

My father
Mi padre

My little/younger sister
Mi hermana menor

My mother
Mi madre</td>
<td>is
es</td>
<td>he is
él es

she is
ella es

he / she is not
él / ella no es</td>
</tr>
<tr>
<td colspan="6">Nota del autor:
En inglés, los adjetivos son invariables y no concuerdan con el nombre . Esto significa que no cambian con el masculino, femenino, singular o plural, como en español.</td>
</tr>
</table>

Unidad 6 (Parte 1/2). Describirse y describir a los miembros de la familia: VOCABULARIO

1. Une

I am funny	Soy tímido
I am slim	Soy terco
I am generous	Soy guapo
I am shy	Soy gracioso
I am short	Soy generoso
I am strong	Soy fuerte
I am handsome	Soy pequeño
I am tall	Soy grande
I am stubborn	Soy delgado

2. Completa

a. My little brother is s__________________.
Mi hermano menor es delgado.

b. My father is not m__________________.
Mi padre no es malo.

c. My big sister is a bit s__________________.
Mi hermana mayor es un poco terca.

d. I am m__________________.
Soy musculoso/a.

e. My older brother is f__________________.
Mi hermano mayor es divertido.

3. Categorías: clasifica los adjetivos en las categorías

strong	muscular	nice	stubborn
pretty	intelligent	patient	shy
generous	boring	fat	fun

Físico	Personalidad

4. Completa las palabras

a. I am not bor_ _ _

b. I am not ug_ _

c. I am musc_ _ _ _

d. I am not stub_ _ _ _

e. I am sh_ _ _

f. I am stro_ _

g. I am ni_ _

5. Traduce al español

a. My big sister is generous.

b. My little brother is not fat.

c. My older brother is funny.

d. I am not ugly.

e. I am a little stubborn.

f. I am very handsome.

6. Traducción incorrecta: corrige (en inglés) los errores de traducción

a. He is strong. *Soy fuerte.*

b. He is not fat. *No es delgado.*

c. I am very ugly. *Soy muy guapa.*

d. My cat is ugly. *Mi gato es tímido.*

e. My sister is boring. *Mi hermana es divertida.*

f. My father is selfish. *Mi padre es simpático.*

7. Completa con letras que faltan

a. M__ m__ __ __ __ __

b. M__ f__ __ __ __ __

c. M__ b__ __ __ __ __ __

d. M__ s__ __ __ __ __

e. M__ u __ __ __ __

f. M__ c__ __ __ __ __

8. Traduce al inglés

a. Soy fuerte y divertida.

b. Mi madre es muy terca.

c. Mi hermana es baja y delgada.

d. Mi hermano es inteligente.

e. Soy simpático y gracioso.

f. Mi padre es alto y un poco musculoso.

g. Santiago es guapo pero un poco malo.

h. Soy alto.

Gramática 1: verbo TO BE (ser)

<table>
<tr><th></th><th>Afirmativo</th><th>Negativo</th><td rowspan="7">big
friendly
funny
generous
handsome
honest
kind
mean
nice
patient
pretty
short
shy
slim
small
strong
stubborn
talkative
tall
ugly</td></tr>
<tr><td>I</td><td>am
yo soy</td><td>am not
yo no soy</td></tr>
<tr><td>You</td><td>are
tú eres</td><td>are not
tú no eres</td></tr>
<tr><td>He / She
My brother
My sister
My friend Jason
My friend Lily</td><td>is
él / ella es</td><td>is not
él / ella no es</td></tr>
<tr><td>We
My father and I
My mother and I
My friends and I</td><td>are
nosotros / nosotras somos</td><td>are not
nosotros / nosotras no somos</td></tr>
<tr><td>You (guys)</td><td>are
vosotros / vosotras sois</td><td>are not
vosotros / vosotras no sois</td></tr>
<tr><td>They
My brothers
My sisters
My parents</td><td>are
ellos / ellas son</td><td>are not
ellos / ellas no son</td></tr>
<tr><td colspan="4">Nota del autor:
Recuerda que en inglés los adjetivos son invariables y no cambian con el masculino, femenino, singular o plural, como en español.</td></tr>
</table>

Verbo TO BE (ser): ejercicios 1

1. Une

Nosotros somos	I am
Ellos son	You are
Yo soy	He is
Tú eres	They are
Vosotros sois	We are
Él es	You guys are

2. Completa con la forma correcta del verbo *to be*

a. I ____________________ very talkative.
Soy muy hablador.

b. My mother ____________ funny.
Mi madre es graciosa.

c. My sisters _____________ very boring.
Mis hermanas son muy aburridas.

d. My brother ____________ very lazy.
Mi hermano es muy perezoso.

e. My parents ____________ very strict.
Mis padres son muy estrictos.

3. Traduce al español

a. My father is nice.

b. My mother is talkative.

c. My brothers are shy.

d. My little sister is not very tall.

e. My best friend is a little short.

f. My grandfather is very kind.

g. My older sister is very tall.

4. Completa con las letras que faltan

a. We a__ __ very nice.
Somos muy simpáticos.

b. My mother i__ very strict.
Mi madre es muy estricta.

c. My parents a__ __ very patient.
Mis padres son muy pacientes.

d. My cousins a__ __ very mean.
Mis primos son muy malos.

e. My dog i__ very fat.
Mi perro es muy gordo.

f. You guys a__ __ very talkative!
¡Sois muy habladores!

g. My brother i__ not very generous.
Mi hermano no es muy generoso.

5. Completa en inglés

a. *Tú eres* — You __ __ __

b. *Él es* — He __ __

c. *Vosotros sois* — You guys __ __ __

d. *Ellos son* — They __ __ __

e. *Nosotros somos* — We __ __ __

f. *Ella es* — She __ __

6. Encuentra y corrige los errores

a. My mother are very nice.

b. My parents is very patient and nice.

c. My sister am slim.

d. My sister and I is tall.

e. How is you?

Verbo TO BE (ser): ejercicios 2

7. Completa con la forma correcta del verbo

a. We ____________________ tall.
Somos altos.

b. You ____________________ short.
Eres bajo.

c. My cat ________________ fat.
Mi gato es gordo.

d. My teachers ____________ very patient.
Mis profesores son muy pacientes.

e. You ___________________ pretty.
Eres guapa.

f. I ______________________ not shy.
No soy tímido.

8. Completa con el verbo *to be*

a. My mother ____________

b. My parents ____________

c. I ______________________

d. They __________________

e. My mother and I ________

f. My brother _____________

g. You and your sisters _____

h. You ___________________

i. You guys ______________

9. Completa con el verbo *to be*

a. I ______________________ from London.

b. My mother _____________ very tall.

c. My parents _____________ very strict.

d. My brother _____________ very boring.

e. I ______________________ a little shy.

f. They __________________ small.

g. My brother and I ________ smart.

h. My cousin Marco _______ Italian.

10. Traduce al inglés

a. Mi madre es alta.

b. Mi padre es bajo.

c. Mi hermano no es feo.

d. Mi hermana es habladora.

e. Mi abuelo es estricto.

f. Mi abuela es paciente.

g. Mi tío es amable.

11. Traduce al inglés. ¡Recuerda que en inglés los adjetivos son invariables!

Ej. Mi madre y mi hermana son muy altas. *My mother and my sister are very tall.*

a. Mis hermanas son amables y pacientes.

b. Mis padres son muy simpáticos.

c. Soy habladora y perezosa.

d. Mi hermano y yo somos muy altos.

e. Mi madre y mi hermana son guapas.

f. Mi novia y su hermana son muy bajas.

Gramática 2: verbo TO HAVE (tener)

<table>
<tr><td>I</td><td>have Yo tengo</td><td rowspan="3">long largo
mid length a media melena
short corto

curly rizado
straight liso
wavy ondulado

black negro
blond rubio
light brown castaño
red pelirrojo</td><td rowspan="3">hair
el pelo</td></tr>
<tr><td>You</td><td>have Tú tienes</td></tr>
<tr><td>He / She
My brother
My friend Jason
My friend Lily
My sister</td><td>has Él/Ella tiene</td></tr>
<tr><td>We
My father and I
My friends and I
My mother and I</td><td>have
Nosotros/as tenemos</td><td rowspan="3">blue azules
brown marrones
dark negros
green verdes</td><td rowspan="3">eyes
los ojos</td></tr>
<tr><td>You (guys)</td><td>have
Vosotros/as tenéis</td></tr>
<tr><td>They
My brothers
My parents
My sisters</td><td>have Ellos/as tienen</td></tr>
</table>

Verbos: conjugación de los verbos *to be* y *to have*

1. Traduce al español

a. We have black hair.

b. He has blond hair.

c. They have very long hair.

d. You have very short hair.

e. They have green eyes.

f. He has red hair.

g. We have curly hair.

2. Encuentra y corrige los errores. No todas las frases tienen errores

a. My mother have blond hair.

b. My brother has hair grey.

c. I have long hair.

d. They has short hair.

e. We have the straight hair.

f. My parents have curly hair.

3. Completa con la forma correcta del verbo *to have*

a. I _______________ blond hair.
b. My mother _______ blue eyes.
c. My sisters ________ red hair.
d. My mother _______ grey hair.
e. We _____________ black hair.
f. My father ________ white hair.
g. My cousins ______ long hair.
h. My cousin _____________ light brown hair.
i. Do you ________________ long hair?
j. My brother and I ________ curly hair.
k. My friend Peter _________ green eyes.
l. My brothers ____________ short hair.
m. I _____________________ curly hair.
n. Do you ________________ long hair?

4. Completa con *has, have, is* o *are*

a. My mother _____________ blond hair.
b. My brother _____________ tall and handsome.
c. My sister and I __________ black hair.
d. My grandparents ________ very nice.
e. My parents _____________ blond hair.
f. My sister _______________ curly hair.
g. My little sister __________ funny but mean.
h. My cousin ______________ red hair.
i. My two sisters __________ beautiful and nice.

5. Traduce al inglés

a. Él tiene el pelo negro.
b. Tienes el pelo largo.
c. Tienes los ojos azules.
d. Él tiene los ojos verdes.
e. Mi padre tiene el pelo rizado.
f. Mi hermana tiene el pelo liso.
g. Mi tío tiene el pelo gris.
h. Mi abuelo no tiene pelo.

6. Escritura guiada: escribe un texto en la primera persona del singular (yo) con los siguientes detalles:

- Tienes nueve años
- Tienes un hermano y una hermana
- Tu hermano tiene 15 años
- Él tiene el pelo castaño, liso, corto y los ojos azules
- Es alto y guapo
- Tu hermana tiene 12 años
- Ella tiene el pelo largo, negro y rizado. Tiene los ojos marrones
- Tus padres son bajos, tienen el pelo castaño y los ojos marrones

7. Escribe un texto de 80 a 100 palabras para describir a 4 personas de tu entorno (familia o amigos). Incluye los siguientes detalles:

a. Sus nombres
b. Su edad
c. El color y la longitud de su pelo
d. El color de sus ojos
e. Si llevan gafas
f. Detalles sobre su físico
g. Detalles sobre su personalidad

GRAMÁTICA RÁPIDA

La negación con NOT
NOT = *NO*

Generalmente, en inglés una frase afirmativa se convierte en negativa al añadir **NOT** *(no)* después del verbo. Por ejemplo:

- I am generous ➔ I am **NOT** generous
- I am tall ➔ I am **NOT** tall
- My sister is fun ➔ My sister is **NOT** fun

En una estructura verbal, **not** es colocado normalmente **después del verbo auxiliar** (en esta unidad, el verbo *to be*).

Como se explicó en la unidad anterior, si no hay un verbo auxiliar (como *to be* o *to have*), la forma negativa añade el auxiliar **do** delante de **not**. Por ejemplo:

- I **do not** get on well with my brother

La negación con NEITHER ... NOR
NEITHER... NOR = *NI... NI*

Neither... nor... se traduce en español como *ni...ni*. La estructura en inglés es:

- He is **neither** ugly **nor** fat
  ➔ No es ni feo ni gordo

1. Encuentra y corrige los errores

a. I not am tall and I not am fat

b. My brother not is generous

c. I not strong and I not muscular

d. I are not short

e. My mother am not funny

2. Traduce al español

a. I am not tall, and I am not fat.

b. He is not arrogant or unfriendly.

c. She is not mean or cruel.

d. I am not arrogant, and he is not selfish.

e. She is not boring or unfriendly.

f. He is not dishonest or selfish.

g. I am kind, but I am not stupid.

h. He is muscular, but he is not arrogant.

i. She is beautiful, but she is not selfish.

j. I am not cruel or dishonest.

k. I am not shy or stubborn.

3. Traduce al inglés

a. No soy alto ni gordo.

b. Mi hermano no es fuerte ni musculoso.

c. Mi hermana no es cruel ni mala.

d. Mi padre no es arrogante ni estúpido.

e. Mi hermano mayor no es antipático.

f. Mi hermana menor no es terca ni tímida.

g. No me llevo bien con mi tío.

h. No soy egoísta ni deshonesto.

i. No es alto ni fuerte.

j. Es alto, pero no muy fuerte.

k. No soy aburrida ni antipática.

Unidad 6. Describirse y describir a los miembros de la familia: HABLAR

Traduce cada paso de la pirámide en voz alta con tu pareja. Cuando termines, escribe la traducción en las casillas de abajo.

a. Me llamo

b. Me llamo Jack y tengo 12 años. Soy guapo

c. Me llamo Jack y tengo 12 años. Soy guapo, fuerte y divertido. Mi hermana menor se llama

d. Me llamo Jack y tengo 12 años. Soy guapo, fuerte y divertido. Mi hermana menor se llama Helen. Es aburrida y mala

e. Me llamo Jack y tengo 12 años. Soy guapo, fuerte y divertido. Mi hermana menor se llama Helen. Es aburrida y mala. Me llevo bien con mi madre porque es simpática, pero no me llevo bien con mi padre porque es terco.

a.
b.
c.
d.
e.

Unidad 6 (Parte 1/2) Describirse y describir a los miembros de la familia

Unidad 6 (Parte 1/2). Describirse y describir a los miembros de la familia: VOCABULARIO (Páginas 69-70)

1. Une

I am funny – Soy gracioso **I am slim** – Soy delgado **I am generous** – Soy generoso
I am shy – Soy tímido **I am short** – Soy bajo **I am strong** – Soy fuerte
I am handsome – Soy guapo **I am tall** – Soy alto **I am stubborn** – Soy terco

2. Completa

a. My little brother is s**lim.** b. My father is not m**ean.** c. My big sister is a bit **stubborn.** d. I am m**uscular.**
e. My older brother is f**un.**

3. Categorías

Físico: strong, muscular, pretty, fat
Personalidad: nice, stubborn, intelligent, patient, shy, generous, boring, fun

4. Completa las palabras

a. I am not bor**ing.** b. I am not ugl**y.** c. I am musc**ular**. d. I am not stub**born.** e. I am sh**ort.** f. I am stro**ng.**
g. I am ni**ce.**

5. Traduce al español

a. Mi hermana mayor es generosa. b. Mi hermano menor no es gordo. c. Mi hermano mayor es gracioso.
d. No soy feo. e. Soy un poco terco. f. Soy muy guapo.

6. Traducción incorrecta

a. ~~He is~~ **I am** stron.g b. He is not ~~fat~~ **slim.** c. I am very ~~ugly~~ **pretty/beautiful.** d. My cat is ~~ugly~~ **shy.**
e. My sister is ~~boring~~ **fun.** f. My father is ~~selfish~~ **nice.**

7. Completa con letras que faltan

a. **My** m**other** b. **My** f**ather** c. **My** b**rother** d. **My** s**ister** e. **My** u**ncle** f. **My** c**ousin**

8. Traduce al inglés

a. I am strong and fun. b. My mother is very stubborn. c. My sister is short and slim. d. My brother is intelligent.
e. I am nice and funny. f. My father is tall and a little muscular. g. Santiago is handsome but a bit mean.
h. I am tall.

Verbo TO BE (ser): ejercicios 1 (Página 72)

1. Une

Nosotros somos – **We are** Ellos son– **They are** Yo soy – **I am** Tú eres – **You are**
Vosotros sois – **You guys are** Él es – **He is**

2. Completa con la forma correcta del verbo *to be*

a. I **am** very talkative. b. My mother **is** funny. c. My sisters **are** very boring. d. My brother **is** very lazy.
e. My parents **are** very strict.

3. Traduce al español

a. Mi padre es simpático. b. Mi madre es habladora. c. Mis hermanos son tímidos.
d. Mi hermana menor no es muy alta. e. Mi mejor amigo es un poco bajo. f. Mi abuelo es muy amable.
g. Mi hermana mayor es muy alta.

4. Completa con las letras que faltan

a. We a**re** very nice. b. My mother **is** very strict. c. My parents a**re** very patient. d. My cousins a**re** very mean . e. My dog **is** very fat. f. You guys a**re** very talkative. g. My brother **is** not very generous.

5. Completa en inglés

a. You **are** b. He **is** c. You guys **are** d. They **are** e. We **are** f. She **is**

6. Encuentra y corrige los errores

a. My mother ~~are~~ **is** very nice. b. My parents ~~is~~ **are** very patient and nice. c. My sister ~~am~~ **is** slim. d. My sister and I ~~is~~ **are** tall. e. How ~~is~~ **are** you?

Verbo TO BE (ser): ejercicios 2 (Página 73)

7. Completa con la forma correcta del verbo

a. We **are** tall. b. You **are** short. c. My cat **is** fat. d. My teachers **are** very patient. e. You **are** pretty. f. I **am** not shy.

8. Completa con el verbo *to be*

a. My mother **is** b. My parents **are** c. I **am** d. They **are** e. My mother and I **are** f. My brother **is** g. You and your sisters **are** h. You **are** i. You guys **are**

9. Completa con el verbo *to be*

a. I **am** from London. b. My mother **is** very tall. c. My parents **are** very strict. d. My brother **is** very boring. e. I **am** a little shy. f. They **are** small. g. My brother and I **are** smart. h. My cousin Marco **is** Italian.

10. Traduce al inglés

a. My mother is tall. b. My father is short. c. My brother is not ugly. d. My sister is talkative. e. My grandfather is strict. f. My grandmother is patient. g. My uncle is kind.

11. Traduce al inglés

a. My sisters are kind and patient. b. My parents are very nice. c. I am talkative and lazy. d. My brother and I are very tall. e. My mother and my sister are beautiful. f. My girlfriend and her sister are very short.

Verbos: conjugación de los verbos *to be* y *to have* (Páginas 74–75)

1. Traduce al español

a. Tenemos el pelo negro. b. Tiene el pelo rubio. c. Tienen el pelo muy largo. d. Tienes el pelo muy corto. e. Tienen los ojos verdes. f. Tiene el pelo pelirrojo. g. Tenemos el pelo rizado.

2. Encuentra y corrige los errores

a. My mother ~~have~~ **has** blond hair. b. My brother has ~~hair grey~~ **grey hair.** c. - d. They ~~has~~ **have** short hair. e. We have ~~the~~ straight hair. f. - My parents have curly hair.

3. Completa con la forma correcta del verbo *to have*

a. I **have** blond hair. b. My mother **has** blue eyes. c. My sisters **have** red hair. d. My mother **has** grey hair. e. We **have** black hair. f. My father **has** white hair. g. My cousins **have** long hair. h. My cousin **has** light brown hair. i. Do you **have** long hair? j. My brother and I **have** curly hair. k. My friend Peter **has** green eyes. l. My brothers **have** short hair. m. I **have** curly hair. n. Do you **have** long hair?

4. Completa con *has, have, is* o *are*

a. My mother **has** blond hair. b. My brother **is** tall and handsome. c. My sister and I **have** black hair. d. My grandparents **are** very nice. e. My parents **have** blond hair. f. My sister **has** curly hair. g. My little sister **is** funny but mean. h. My cousin **has** red hair. i. My two sisters **are** beautiful and nice.

5. Traduce al inglés

a. He has black hair. b. You have long hair. c. You have blue eyes. d. He has green eyes.
e. My father has curly hair. f. My sister has straight hair. g. My uncle has grey hair.
h. My grandfather does not have hair.

6. Escritura guiada

I am nine years old. I have a brother and a sister. My brother is fifteen years old. He has short, straight, brown hair, and he has blue eyes. He is tall and handsome. My sister is twelve years old. She has long, curly, black hair, and she has brown eyes. My parents are short, they have light brown hair and brown eyes.

7. Escribe un texto de 80 a 100 palabras

EJEMPLO

My brother's name is Lincoln. He is eighteen years old. He has short, straight, brown hair and brown eyes. He does not wear glasses. He is tall and very slim. He is also very intelligent and funny.
My best friend's name is Callum. He is twelve years old. He has short, blond hair. He has green eyes, and he wears glasses. He is tall and strong. He is very funny and intelligent.
My cousin's name is Vicky and she is fifteen years old. She has long, straight, blond hair and brown eyes. She does not wear glasses. She is little and slim. She is very shy and a little lazy.
My uncle's name is Andy, and he is thirty-nine years old. He has short, straight, grey hair. He has dark eyes, and he wears glasses. He is tall and fat. He is friendly and talkative.

Unidad 6. GRAMÁTICA RÁPIDA (Página 76)

1. Encuentra y corrige los errores

a. I **am not** tall and I **am not** fat. b. My brother **is not** generous. c. I **am** not strong and I **am** not muscular.
d. I **am** not short. e. My mother **is** not funny.

2. Traduce al español

a. No soy alto/a y no soy gordo/a. b. No es arrogante o antipático. c. Ella no es mala o cruel.
d. No soy arrogante y él no es egoísta. e. Ella no es aburrida o antipática. f. No es deshonesto o egoísta.
g. Soy amable, pero no soy estúpido. h. Es musculoso, pero no es arrogante.
i. Es guapa, pero no es egoísta. j. No soy cruel o deshonesto. K. No soy tímido o terco.

3. Traduce al inglés

a. I am neither tall nor fat. b. My brother is neither strong nor muscular. c. My sister is neither cruel nor mean.
d. My father is neither arrogant nor stupid. e. My older/big brother is not unfriendly.
f. My younger/little sister is neither stubborn nor shy. g. I do not get on well with my uncle.
h. I am neither selfish nor dishonest. i. She is neither tall nor strong. j. He is tall but not very strong.
k. I am neither boring nor unfriendly.

Unidad 6 (Parte 1/2). Describirse y describir a los miembros de la familia: HABLAR (Página 77)

My name is Jack, and I am twelve years old. I am handsome, strong, and funny. My little/younger sister's name is Helen. She is boring and mean. I get on well with my mother because she is nice, but I do not get on well with my father because he is stubborn.

UNIDAD 6 (Parte 2/2)
Describir a los miembros de mi familia y decir por qué me llevo bien o mal con ellos

In my family there is **In my family there are** *En mi familia hay*	**my cousin, Tristan** *mi primo, Tristan* **my father, George** *mi padre, George* **my grandfather, Chris** *mi abuelo, Chris* **my uncle, Paul** *mi tío, Paul* **my younger / older brother, Oliver** *mi hermano mayor / menor, Oliver*	**I get on well with James because he is** *Me llevo bien con James porque él es...* **My brother is quite** *Mi hermano es bastante* **My dad is also a bit** *Mi padre también es un poco* **My dad is very** *Mi padre es muy*	**beautiful** *guapo/a* **clever** *inteligente* **fun** *divertido/a* **generous** *generoso/a* **handsome** *guapo* **honest** *honesto* **kind** *amable* **mean** *malo/a* **nice** *simpatico/a* **short** *bajo/a* **shy** *tímido/a* **slim** *delgado/a* **strong** *fuerte* **stubborn** *terco/a* **tall** *alto/a*
There are <u>four</u> people in my family *En mi familia hay cuatro personas*	**my aunt, Fiona** *mi tía, Fiona* **my cousin, Claire** *mi prima, Claire* **my grandmother, Theresa** *mi abuela, Theresa* **my little / big sister, Linda** *mi hermana menor / mayor, Linda* **my mother, Emily** *mi madre, Emily*	**I get on badly with Sally because she is** *Me llevo mal con Sally porque es* **My mum is also a bit** *Mi madre también es un poco* **My mum is very** *Mi madre es muy* **My sister is quite** *Mi hermana es bastante*	

Nota del autor:
Se utiliza *there is* con el singular, cuando se habla de una persona o un objeto, y *there are* con plural, cuando se habla de más de uno. Por ejemlo:
- ***There is one person in my family*** **– Hay una persona en mi familia.**
- ***There are two people in my family*** **– Hay dos personas en mi familia.**

Ten en cuenta que se utiliza *person* en singular y *people* en plural.

Unidad 6. Describir a los miembros de mi familia: VOCABULARIO

1. Completa con la palabra que falta

a. In my _______________ there is…
En mi familia hay

b. There are four _______________.
Hay cuatro personas.

c. My _________________ Angela
Mi madre Angela

d. I get on _______________ with…
Me llevo bien con…

e. I get on _______________ with…
Me llevo mal con…

2. Une

My cousin *(f)*	Mi abuelo
My grandfather	Mi tía
My mother	Mi padre
My father	Mi hermano mayor
My aunt	Mi madre
My little sister	Mi primo
My big brother	Mi hermana menor
My uncle	Mi hermana
My sister	Mi prima
My cousin *(m)*	Mi tío

3. Traduce al español

a. I like my uncle.

b. My cousin *(f)* is generous.

c. She has blond hair.

d. I do not like my aunt.

e. I get on badly with…

f. She is stubborn.

4. Añade la letra que falta

a. Stub__orn

b. I l__ke

c. __ice

d. I g__t on

e. __ousin

f. __randfather

g. B__g

h. __mall

i. Als__

j. M__ther

5. Palabras rotas

a. In m__ f_________ t___________ a_________
En mi familia hay

b. F_______________ p____________________
Cuatro personas

c. M__ m_______________ is n______________.
Mi madre es simpática.

d. I g________ on well w_________ my m_______.
Me llevo bien con mi madre.

e. My u_________________ is g______________.
Mi tío es generoso.

f. I g________ on b________ with my father.
Me llevo mal con mi padre.

g. My s____________ has l________ h__________.
Mi hermana tiene el pelo largo.

6. Completa con una palabra adecuada

a. I have four ____________.

b. She ____________ nice.

c. I ______________ fine.

d. She is very ____________.

e. He has __________ hair.

f. ____________ like my mum.

g. I get on ______________

h. She ____________ red hair.

i. He has blue ____________.

j. My cousin ________ fun.

k. My ____________ is kind.

Unidad 6. Describir a los miembros de mi familia: LECTURA

I am Tom. I am ten years old. In my family there are five people: my father John, my mother Anne and my two brothers, David and Peter. I get on well with David because he is nice. However, I get on badly with Peter because he is very mean.

My name is Kaitlin. I am fourteen and I live in Oxford, in the south of England. I really love my grandfather because he is very funny. He is also smart, but very shy. My father is quite tall and very stubborn. He has brown eyes and shaved hair.

My name is Lewis. I am fifteen years old and I live in Bangor, in the north-west of Wales. I have long, blond hair. In my family there are six people. I do not get on well with my sister because she is stubborn.
I get on well with my cousins because they are very friendly. My favourite cousin is Gruffyd, he is tall and strong. He has short, black hair and wears glasses. He is very fun too!

I am Craig Smith. I am ten and I live in Edinburgh, the capital of Scotland. I am very handsome. In my family there are a lot of people, eight in total. I love my uncle Fraser, but I do not like my aunt Fiona. I get on very well with my uncle because he is funny and nice. On the other hand, my aunt is unfriendly and mean. She has curly, blond hair, and she has blue eyes, like me. Her birthday is on 5th May.

My name is George. I am nine and I live in Bath, England. In my family, there are four people. I get on badly with my father because he is very stubborn and unfriendly. I love my grandmother because she is generous and fun.

1. Encuentra el inglés para los siguientes términos en el texto de Kaitlin

a. Me llamo

b. En el sur

c. Mi abuelo

d. Pero

e. Muy

f. Bastante alto

g. Mi padre

2. Responde a las siguientes preguntas sobre Craig

a. ¿Cuántos años tiene?

b. ¿Dónde vive?

c. ¿Cuántas personas hay en su familia?

d. ¿Con quién se lleva bien?

e. ¿Por qué se lleva bien con esta persona?

f. ¿Con quién no se lleva bien?

g. ¿Cuándo es el cumpleaños de su tía?

3. Completa con las palabras que faltan

My name is Alex. I ________ ten and I ________ in Dublin. In my family there are four ________. I ________ on well with my grandfather because he is very n___________ and f___________.

4. Encuentra a alquien que...

a. tenga una abuela divertida.

b. tenga 15 años.

c. tenga un abuelo tímido.

d. tenga un primo favorito.

e. sea del sur de Inglaterra.

f. solo se lleve bien con un hermano.

g. lleve la cabeza afeitada y tenga los ojos marrones.

h. tenga una tía antipática.

Unidad 6. Describir a los miembros de mi familia: TRADUCCIÓN

1. Traducción incorrecta: corrige (en español) los errores de traducción

a. In my family there are four people.
En mi familia hay catorce personas.

b. My mother Anne and my cousin David.
Mi madre Anne y mi hermano David.

c. I get on well with my father.
Me llevo mal con mi padre.

d. My father's name is Jonas.
Mi tío se llama Jonas.

e. Andrew is very mean and fun.
Andrew es muy agradable y divertido.

f. Mary has long hair.
Mary tiene el pelo corto.

2. Traduce al español

a. I love my grandfather.

b. My grandmother is very nice.

c. My cousin has shaved hair.

d. I get on well with my big brother.

e. I get on very badly with my cousin *(f)*.

f. I love my grandmother because she is fun.

g. My father is kind and generous.

h. I do not get on well with my little sister.

i. I get on badly with my cousin Joseph.

3. Traducción: frases cortas

a. Él es amable.

b. Ella es generosa.

c. Me llevo bien con…

d. Me llevo mal con…

e. Mi tío es gracioso.

f. Mi hermano menor.

g. Me llevo bien con mi prima Mary.

h. Tiene el pelo corto y negro.

i. Tiene los ojos azules.

j. No me llevo bien con mi abuela.

4. Traducción: frases completas

a. Me llamo Craig Smith. Tengo diez años. En mi familia hay ocho personas.

b. Me llamo Ceri. Tengo los ojos azules. Me llevo bien con mi hermano.

c. Me llevo mal con mi hermano porque es terco.

d. Me llamo Paul. Vivo en Inglaterra. No me llevo bien con mi tío porque es perezoso.

e. Quiero mucho a mi prima porque es simpática y generosa.

Unidad 6. Describir a los miembros de mi familia: ESCRITURA

1. Frases rotas

My father	black hair
My mother is	well with her
She has	my uncle
I get on	is nice
I do not	generous
I really love	like my aunt

2. Reescribe las frases en el orden correcto

a. In my six are there family people

b. I with my well on get brother

c. like I my do not uncle

d. My blue mother has eyes

e. and nice My aunt funny is

3. Encuentra y corrige los errores de ortografía

a. In my familley there are

b. I gets on well with

c. I do not likes my aunt

d. My brother has funny

e. I get on baddy with her

f. My father is generouss

g. She has blue eye

h. My sister has very stubborn

i. He has shaved hairs

j. I loove my oncle

4. Anagramas

a. fiamly

b. cien

c. llat

d. pttyre

e. lineligtent

f. mane

g. bnsortub

h. neogruse

5. Escritura guiada: escribe 2 párrafos en la primera persona del singular (yo), describiendo a estas personas

	Edad	Familia	Se lleva bien con	También le gusta	Se lleva mal con
Jane	12	4 personas	-madre -muy simpatica -pelo largo y rubio	-hermano mayor -divertido y muy amable	-prima Emily -muy terca
Lee	11	5 personas	-padre -muy divertido -pelo negro y corto	-abuela -muy simpática y generosa	-tío Eddy -perezoso

6. Describe a tu tío Jason en la tercera persona (él)

Nombre: Jason
Pelo: rubio, largo
Ojos: azules
Físico: alto y fuerte
Personalidad: amable, divertido, generoso
Opinión: no se lleva bien con su hermano, es egoísta

GRAMÁTICA RÁPIDA

La negación con NEITHER … NOR
NEITHER… NOR = *NI… NI*

Neither… nor… se traduce en español como *ni…ni*.

La estructura en inglés es:

- *He is **neither** ugly **nor** fat*

➔ No es ni feo ni gordo

- *My sister is **neither** fun **nor** kind*

➔ Mi hermana no es ni divertida ni amable

Como puedes ver, en las frases anteriores no utilizamos ***not***. Ten cuidado de no decir:

*He is ~~not~~ **neither** ugly **nor** fat*

En este caso, ¡la frase no es correcta!

1. Traduce al español

a. I am neither stubborn nor mean.

b. He is neither unfriendly nor shy.

c. She is neither selfish nor cruel.

d. My dad is neither big nor strong.

e. My mother is not small or weak.

f. I am neither short nor tall.

g. I do not get on well with my sister.

h. She is neither nice nor generous.

i. I get on very well with my brother.

j. He is neither mean nor unfriendly.

k. I do not like my aunt Lizzy.

2. Completa las frases en inglés

a. Mi tía no es honesta ni amable.	*My aunt is _______ honest _______ nice.*
b. Mi hermana no es ni arrogante ni egoísta.	*My sister is neither __________ nor _________.*
c. Mi hermano no es ni malo ni cruel.	*My brother is ________ mean ______ cruel.*
d. Mi padre no es ni alto ni fuerte.	*My father is neither _______ nor _______.*
e. No quiero a mi tío porque es terco.	*I ______ love my uncle because he is ________.*
f. Mi tía no es ni estúpida ni aburrida.	*My aunt is _______ stupid _____ boring.*
g. No me llevo bien con mi hermano.	*I _______ get _______ well with my brother.*

3. Corrige los errores en las siguientes frases

a. I am neither arrogant or cruel.

b. My brother is no mean and stubborn.

c. She is neither boring neither stubborn.

d. My uncle is no unfriendly nor stupid.

e. I no get on well with my mother.

f. She is not neither weak nor strong.

4. Frases creativas. Escribe tres frases utilizando:

a. La estructura *NEITHER… NOR…*

b. La forma negativa *NOT*

c. La forma negativa *DO NOT*

Ni serpientes ni escaleras

SALIDA	1 Soy guapo	2 Mi hermana menor es aburrida	3 Hay tres personas en mi familia	4 Mi madre es divertida	5 Mi padre es terco	6 Mi hermano mayor es alto	7 Soy fuerte y bajo
15 Es malo y terco	14 No me llevo bien con mi tío	13 Me llevo bien con mi prima	12 Mi primo es bueno y generoso	11 Soy bajo y delgado pero fuerte	10 Vivo en un apartamento moderno	9 Su cumple es el 7 de marzo	8 Mi tía tiene 33 años
16 Mi hermana tiene 25 años	17 Mi hermano no es generoso	18 Mi hermana tiene 31 años	19 Vivo en una casa en las afueras	20 Mi hermana tiene el pelo corto	21 Tengo barba y soy guapo	22 Mi tía es alta y delgada	23 Mi madre y yo tenemos los ojos azules
LLEGADA	30 Me llevo bien con mi hermano	29 No soy tímido	28 Soy de Londres y tengo 13 años	27 Mi gato es feo y gordo	26 Mi hermano tiene el pelo liso	25 Me llevo mal con mi primo	24 Mi abuelo es estricto

Ni serpientes ni escaleras

START	1 I am handsome	2 My younger sister is boring	3 There are three people in my family	4 My mother is fun	5 My father is stubborn	6 My older brother is tall	7 I am strong and short
15 He is mean and stubborn	14 I don't get on well with my uncle	13 I get on well with my cousin	12 My cousin is nice and generous	11 I am short and slim but I am strong	10 I live in a modern flat	9 His birthday is on [the] 7th [of] March	8 My aunt is 33 years old
16 My sister is 25 years old	17 My brother is not generous	18 My sister is 31 years old	19 I live in a house on the outskirts	20 My sister has short hair	21 I have a beard and I am handsome	22 My aunt is tall and slim	23 My mother and I have blue eyes
FINISH	30 I get on well with my brother	29 I am not shy	28 I am from London and I am 13 years old	27 My cat is ugly and fat	26 My brother has straight hair	25 I get on badly with my cousin	24 My grandad is strict

Unidad 6. Describir a los miembros de mi familia: HABLAR

Traduce cada paso de la pirámide en voz alta con tu pareja. Cuando termines, escribe la traducción en las casillas de abajo.

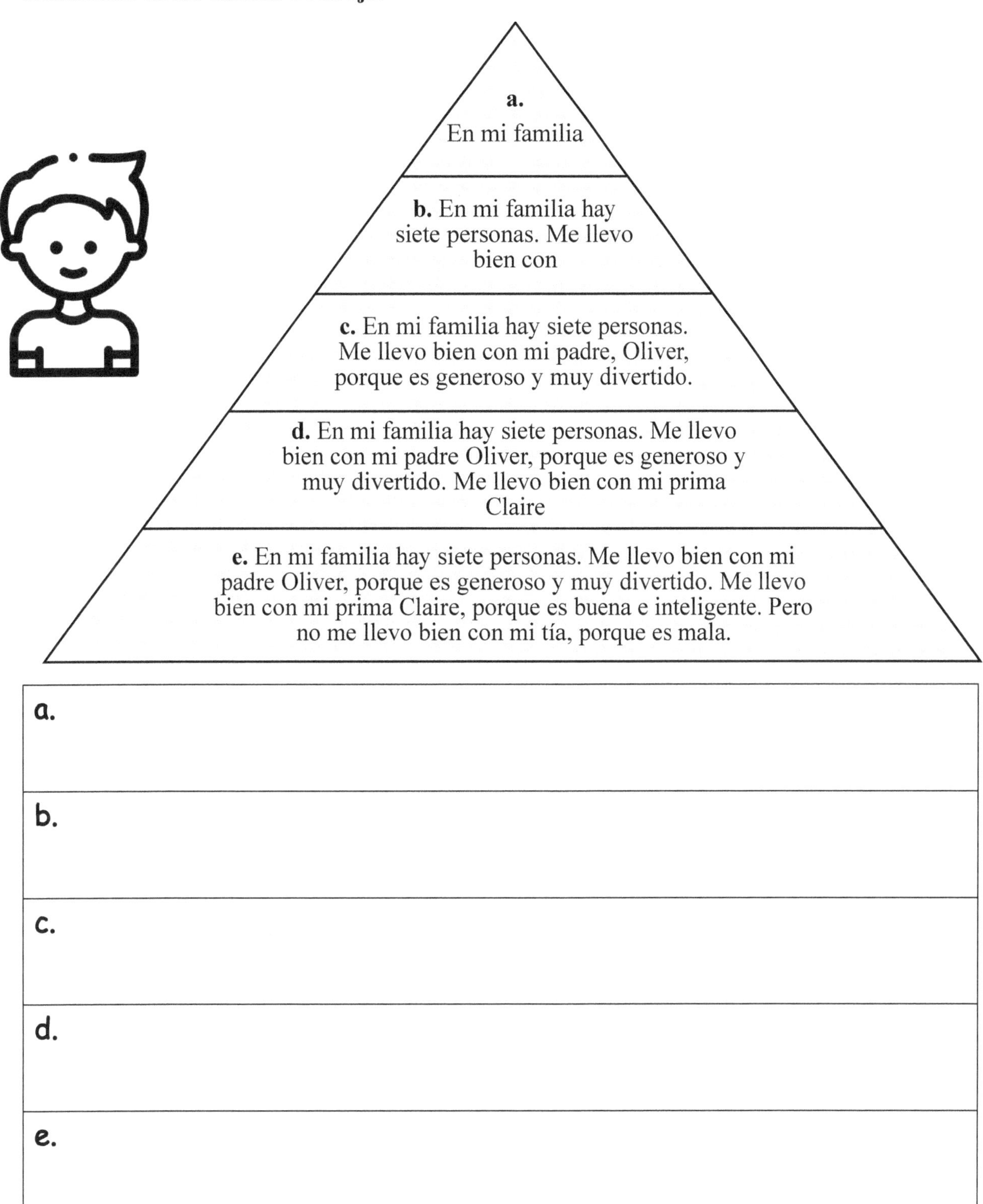

a.
b.
c.
d.
e.

Unidad 6 (Parte 2/2). Describir a los miembros de mi familia y decir por qué me llevo bien o mal con ellos

Unidad 6 (Parte 2/2). Describir a los miembros de mi familia: VOCABULARIO (Página 82)

1. Completa con la palabra que falta

a. In my **family** there is b. There are four **people** c. My **mother** Angela
d. I get on **well** with e. I get on **badly** with

2. Une

My cousin ***(f)*** – Mi prima **My grandfather** – Mi abuelo **My mother** – Mi madre
My father – Mi padre **My aunt** – Mi tía **My little brother** – Mi hermano menor
My big brother – Mi hermano mayor **My uncle** – Mi tío **My sister** – Mi hermana **My cousin** ***(m)*** **–** Mi primo

3. Traduce al español

a. Me llevo bien con mi tío. b. Mi prima es generosa. c. Tiene el pelo rubio. d. No me llevo bien con mi tía.
e. Me llevo mal con f. Es terca

4. Añade la letra que falta

a. Stub**b**orn b. I l**i**ke c. **N**ice d. I g**e**t on e. **C**ousin f. **G**randfather g. Bi**g** h. **S**mall i. Als**o** j. M**o**ther

5. Palabras rotas

a. In m**y** f**amily there are** b. F**our people** c. M**y** m**other** is n**ice** d. I **get** on well w**ith** my m**other**
e. My u**ncle** is g**enerous** f. I g**et** on b**adly** with my father g. My s**ister** has l**ong** h**air**

6. Completa con una palabra adecuada. Acepta otras opciones correctas

a. I have four **brothers/sisters.** b. She **is** nice. c. I **am** fine. d. She is very **nice/intelligent.**
e. He has **long/short/blond** hair. f. **I/you/we/they** like my mum. g. I get on **well/badly.** h. She **has** red hair.
i. He has blue **eyes.** j. My cousin **is** fun. k. My **mother/sister** is kind.

Unidad 6. Describir a los miembros de mi familia: LECTURA (Página 83)

1. Encuentra el inglés para los siguientes términos en el texto de Kaitlin

a. My name is b. In the south c. My grandfather d. But e. Very f. Quite tall g. My father

2. Responde a las siguentes preguntas sobre Craig

a. 10 años b. Edimburgo c. 8 personas d. Su tío Fraser e. Porque es divertido y agradable
f. Su tía Fiona g. El 5 de mayo

3. Completa con las palabras que faltan

My name is Alex. I **am** ten and I **live** in Dublin. In my family there are four **people.** I **get** on well with my grandfather because he is very n**ice** and f**riendly.**

4. Encuentra a alguien que…

a. George b. Lewis c. Kaitlin d. Lewis e. Kaitlin f. Tom g. El padre de Kaitlin h. Craig

Unidad 6. Describir a los miembros de mi familia: TRADUCCIÓN (Página 84)

1. Traducción incorrecta

a. En mi familia hay **cuatro** ~~catorce~~ personas. b. Mi madre Anne y mi ~~hermano~~ **primo** David .
c. Me llevo ~~mal~~ **bien** con mi padre. d. Mi ~~tío~~ **padre** se llama Jonas.
e. Andrew es muy ~~malo~~ **agradable** y divertido. f. Mary tiene el pelo ~~corto~~ **largo.**

2. Traduce al español

a. Quiero a mi abuelo. b. Mi abuela es muy agradable. c. Mi primo tiene/lleva el pelo rapado.
d. Me llevo bien con mi hermano mayor. e. Me llevo muy mal con mi prima.
f. Quiero a mi abuela porque es divertida. g. Mi padre es amable y generoso.
h. No me llevo bien con mi hermana menor. i. Me llevo mal con mi primo Joseph.

3. Traducción: frases cortas

a. He is kind. b. She is generous. c. I get on well with d. I get on badly with e. My uncle is funny.
f. My little/younger brother g. I get on well with my cousin Mary. h. He/She has short, black hair.
i. He/She has blue eyes. j. I do not get on well with my grandmother.

4. Traducción: frases completas

a. My name is Craig Smith. I am ten years old. In my family there are eight people.
b. My name is Ceri. I have blue eyes. I get on well with my brother.
c. I get on badly with my brother because he is stubborn.
d. My name is Paul. I live in England. I do not get on well with my uncle because he is lazy.
e. I really love my cousin because she is nice and generous.

Unidad 6. Describir a los miembros de mi familia: ESCRITURA (Página 85)

1. Frases rotas

My father is **nice.** My mother is **generous.** She has **black hair.** I get on **well with her.** I do not like **my aunt.** I really love **my uncle.**

2. Reescribe las frases en el orden correcto

a. In my family there are six people. b. I get on well with my brother. c. I do not get on well with my uncle.
d. My mother has blue eyes. e. My aunt is nice and funny.

3. Encuentra y corrige los errores de ortografía

a. In my ~~familley~~ **family** there are b. I ~~gets~~ **get** on well with c. I do not ~~likes~~ **like** my aunt
d. My brother ~~has~~ **is** funny. e. I get on ~~baddy~~ **badly** with her. f. My father is ~~generouss~~ **generous.**
g. She has blue eye.s h. My sister ~~has~~ **is** very stubborn. i. He has shaved ~~hairs~~ **hair.** j. I ~~loove~~ **love** my uncle.

4. Anagramas

a. family b. nice c. tall d. pretty e. intelligent f. mean g. stubborn h. generous

5. Escritura guiada

Jane: My name is Jane. I am twelve years old. In my family there are four people. I get on well with my mother because she is very nice. She has long, blond hair. I also like my older brother because he is fun and very kind, but I get on badly with my cousin Emily, because she is very stubborn.

Lee: My name is Lee. I am eleven years old. In my family, there are five people. I get on well with my father because he is very fun. He has short, black hair. I also like my grandmother because she is very nice and generous. However, I get on badly with my uncle Eddy because he is lazy.

6. Describe a tu tío Jason en la tercera persona

My uncle's name is Jason. He has long, blond hair and he has blue eyes. He is tall and strong. He is also kind, funny and generous. He doesn't get on well with his brother because he is selfish.

Unidad 6: GRAMÁTICA RÁPIDA (Página 86)

1. Traduce al español

a. No soy ni terco ni malo. b. No es antipático ni tímido. c. No es egoísta ni cruel.
d. Mi padre no es gordo ni fuerte. e. Mi madre no es baja o débil. f. No soy ni bajo ni alto.
g. No me llevo bien con mi hermana. h. Ella no es amable ni generosa. i. Me llevo muy bien con mi hermano.
j. Él no es malo ni antipático k. No me llevo bien con mi tía Lizzy.

2. Completa las frases en inglés

a. My aunt is **neither** honest **nor** nice. b. My sister is neither **arrogant** nor **selfish.**

c. My brother is **neither** mean **nor** cruel. d. My father is neither **tall** nor **strong.**

e. I **do not** love my uncle because he is **stubborn.** f. My aunt is **not** stupid **or** boring.

g. I **do not** get **on** well with my brother.

3. Corrige los errores en las siguientes frases

a. I am neither arrogant **nor** cruel.

b. My brother is **neither** mean ~~**nor**~~ stubborn.

c. She is neither boring **nor** stubborn.

d. My uncle is **neither** unfriendly nor stupid.

e. I **do not** get on well with my mother.

f. She is ~~**not**~~ neither weak nor strong.

4. Frases creativas

Respuestas libres.

Unidad 6. Describir a los miembros de mi familia: HABLAR (Página 89)

In my family there are seven people. I get on well with my father, Oliver, because he is generous and very funny. I get on well with my cousin Claire because she is nice and intelligent. But I do not get on well with my aunt, because she is mean.

UNIDAD 7
Hablar de las mascotas

Gramática: verbo TO HAVE: mascotas y descripciones

Preguntas: edad, mascotas y descripciones

En esta unidad aprenderás a decir:

- Qué mascotas tienes en casa
- Cómo se llaman
- Qué mascota te gustaría tener
- Más adjetivos para describir el físico y la personalidad
- Los interrogativos

Aprenderás a hacer preguntas sobre:

- El nombre / La edad / El físico / La cantidad

También vas a repasar:

- Cómo presentarte
- Los miembros de la familia
- Cómo describir a las personas
- El verbo *to have* (tener) en presente

UNIDAD 7
Hablar de las mascotas

	a bird	*un pájaro*	**that is called Alfred / Pixie** *que se llama Alfred / Pixie*		
	a cat	*un gato*		**affectionate**	*cariñoso/a*
	a dog	*un perro*		**big**	*grande*
At home I have *En casa tengo*	**a duck**	*un pato*		**black**	*negro/a*
	a fish*	*un pez*		**blue**	*azul*
I do not / don't have *No tengo*	**a guinea pig**	*una cobaya*	**he / it is***** *es*	**boring**	*aburrido/a*
	a hamster	*un hámster*		**clever**	*inteligente*
I would like to have *Me gustaría tener*	**a horse**	*un caballo*		**fun**	*divertido/a*
I wouldn't like to have *No me gustaría tener*	**a mouse****	*un ratón*		**funny**	*gracioso/a*
	a parrot	*un lorot*		**green**	*verde*
My friend Denis has *Mi amigo Denis tiene*	**a rabbit**	*un conejo*		**orange**	*naranja*
	a rat	*una rata*	**she / it is** *es*	**pretty**	*guapo/a*
	a snake	*una serpiente*		**red**	*rojo/a*
	a spider	*una araña*		**small**	*pequeño/a*
	a turtle	*una tortuga*		**ugly**	*feo/a*
				white	*blanco/a*
				yellow	*amarillo/a*

Notas del autor:
*** El nombre *fish* es invariable en inglés. Así, decimos *one fish / two fish*. Aprenderás más al final de esta unidad, en nuestra gramática rápida.**
**** El nombre *mouse* es irregular y se convierte en *mice* en plural.**
***** En inglés, cuando se habla de un animal, se utiliza normalmente el pronombre *it,* que se utiliza generalmente para objetos, en lugar de *he / she (él / ella)*. Sin embargo, cuando se trata de una mascota, es perfectamente aceptable utilizar *he / she.***

Unidad 7. Hablar de las mascotas: VOCABULARIO

1. Completa con la palabra que falta

a. At home, I have a b________________________.
En casa tengo un pájaro.

b. I do not have a r____________________________.
No tengo un conejo.

c. I would like to have a d______________________.
Me gustaría tener un perro.

d. I would not like to have a t___________________.
No me gustaría tener una tortuga.

e. At h____________, I have a c_________________.
En casa tengo un gato.

2. Une

a duck	un gato
a mouse	un perro
two fish	un caballo
a cat	un pájaro
a turtle	un pez
a fish	una tortuga
a dog	un ratón
a parrot	un loro
a bird	dos peces
a horse	un pato

3. Traduce al español

a. I have a dog.

b. My friend Connie has a cat.

c. I do not have pets at home.

d. I have three dogs.

e. I would like to have a guinea pig.

f. My brother has a turtle.

4. Añade la letra que falta

a. My fri__nd

b. A turt__e

c. A __arrot

d. Two f__sh

e. A fis__

f. A r__bbit

g. A du__k

h. A hor__e

5. Anagramas

a. ogD

b. aCt

c. urTtle

d. iFhs

e. ouMes

f. uckD

g. pSired

h. Hsero

6. Palabras rotas

a. At h______ I h_________ a d_________.
En casa tengo un perro.

b. My f______ Teddy h_____ a p_________.
Mi amigo Teddy tiene un loro.

c. My b___________ h_____ a t_________.
Mi hermano tiene una tortuga.

d. I d___ n___ h____ a r_______________.
Yo no tengo un conejo.

e. I h_____________ a s_______________.
Tengo una serpiente.

7. Completa con una palabra adecuada

a. I _______________ ten dogs.

b. My _____________’s name is Ted.

c. My _____________ has a cat.

d. My _____________ has a rat.

e. At _______________ I have a fish.

f. At home he _______ a pet.

g. At home _________ has a pet.

h. At home, I _______ a duck.

Unidad 7. Hablar de las mascotas: LECTURA

My name is Helen. I am eight and I live in London. In my family there are four people: my parents, my little brother, who is called Michael, and me. Michael is very lazy and boring. We have two pets: a dog, Max, and a cat, Mia. Max is very cute. Mia is lazy, like my brother!

My name is Rob. I am nine and I live in Cornwall. In my family there are four people: my parents, my older brother called Francis, and me. Francis is twelve and playful. We have two pets: a parrot, Coco, and a cat, Leo. Coco is very talkative. Leo is playful, like my brother.

My name is Lenny. I am seven and I live in Malaysia. In my family there are five people: my parents and my two brothers, Noah and Oscar. Noah is very talkative and funny. Oscar is very serious and clever. We have two pets at home, a rabbit called Ben, and a turtle called Sam. Ben is fun and energetic. Sam is very serious, like my brother Oscar.

My name is Ariella. I am ten and I live in Wales. In my family there are five people: my parents and my two little sisters, who are called Sarah and Louise. Sarah is very generous and helpful. Louise is very stubborn and boring. We have two pets: a rabbit called Bunny and a duck called Ducko. Bunny is very calm and kind. Ducko is loud and fun.

1. Encuentra el inglés para estos términos en el texto de Helen

a. Dos mascotas

b. Que se llama

c. Un gato

d. Un perro

e. Muy mono

f. Como mi hermano

g. Mis padres

h. Me llamo

2. Responde a las siguientes preguntas sobre Helen, Rob, Ariella and Lenny

a. ¿Quién tiene un gato?

b. ¿Quién tiene un loro?

c. ¿Quién tiene un pato?

d. ¿Quién tiene una tortuga?

e. ¿Quién tiene un conejo?

3. Responde a las siguientes preguntas sobre Lenny

a. ¿Dónde vive Lenny?

b. ¿Cómo es su hermano Oscar?

c. ¿Quién es divertida y energética?

d. ¿Quién es como Oscar?

e. ¿Quién es Ben?

4. Completa la tabla

	Lenny	Ariella
Edad		
País		
Mascotas		
Descripción de los animales		

5. Completa el texto

My ________ is Natasha. I am eleven years old and I l________ in Kuala Lumpur. At h________ there are five people: my parents, my two s________, called Anna and Liz, and me. Anna is very talk________ and friendly. Liz is v________ lazy, just like m________! At home, we ________ a dog called Lily. Lily is very fun________ and cl________.

Unidad 7. Hablar de las mascotas: TRADUCCIÓN

1. Traducción incorrecta: corrige (en español) los errores de traducción

a. In my family there are four people and three pets.
En mi familia hay cuatro personas y dos animales.

b. At home we have two pets: a dog and a rabbit.
En casa tenemos dos animales: un perro y un ratón.

c. My friend Paul has a duck called Kura. Kura is very boring.
Mi amigo Paul tiene una tortuga que se llama Kura. Kura es muy divertida.

d. My sister has a parrot called Flash.
Mi hermano tiene un caballo que se llama Flash.

e. My father has a frog called Nicole.
Mi madre tiene un pájaro que se llama Nicole.

2. Traduce al español

a. A fun cat

b. A cute dog

c. A grey duck

d. A boring turtle

e. A pretty horse

f. An energetic mouse

g. A curious guinea pig

h. I have two pets.

i. At home, we have two pets.

j. I would like to have a dog.

k. I would like to have a fish.

l. I have a turtle, but I would like a snake.

3. Traducción: frases cortas

a. Un perro aburrido

b. Un pato marrón

c. En casa

d. Tenemos

e. Un caballo bonito

f. Un gato curioso

g. Tengo

h. No tengo

i. Me gustaría tener

4. Traducción: frases completas

a. Mi hermano tiene un caballo que se llama Ray. Ray es muy grande y bastante fuerte.

b. Mi hermana tiene una tortuga. Es fea y se llama Tanya.

c. En casa tengo un hámster gordo que se llama Greasy. ¡Greasy es muy inteligente!

d. En casa tenemos tres mascotas: un pato, un conejo y un loro.

e. En casa tenemos cuatro mascotas: un gato, un perro, un pez y un hámster.

Unidad 7. Hablar de las mascotas: ESCRITURA

1. Frases rotas

I have a dog	cat
At home, we have	have a spider
I have two	called Woofy
I have a	a grey turtle
I would like to	pets
My sister	any pets
I do not have	has a white mouse

2. Reescribe las frases en el orden correcto

a. pets have we At home three

b. a like have would I mouse to

c. a I have cat and dog a

d. bird friend yellow My has Paul a

e. Coco green a have We that is parrot called

f. two We blue fish have

3. Encuentra y corrige los errores de ortografía

En algunos casos, falta una palabra

a. At home, I a cat and a dog

b. I have a mouse black

c. I would like to have snake

d. My sister have a white cat

e. My friend Peter has two fishes

f. My horsy is called Spirit

g. I has a brown hamster

h. We home, we have two ducks

4. Anagramas: mascotas

a. dgo ____________

b. tca ____________

c. meuos ____________

d. ckud ____________

e. babrit ____________

f. ttleur ____________

g. irdb ____________

5. Escritura guiada: escribe 3 párrafos en la primera persona del singular (yo), para cada una de estas personas

Ejemplo: My name is Paul. I have a white dog...

Nombre	Mascota	Color	Edad	Carácter o apariencia
Paul	perro	blanco	4	cariñoso
Leo	pato	verde	6	divertido
Mike	caballo	marrón	1	bonito

6. Describe a Robert en la tercera persona (él)

Nombre: Robert

Pelo: rubio, corto

Ojos: verdes

Físico: alto, fuerte

Personalidad: muy simpático

Mascotas: un perro, un gato, dos peces, le gustaría tener una araña

Gramática 3: verbo TO HAVE
Mascotas y descripciones

1. Completa con las letras que faltan

a. Tengo — I ha__ __

b. Tú tienes — Y__ __ h __ __ __

c. Él tiene — H__ h__ __

d. Ella tiene — S__ __ h__ __

e. Nosotros tenemos — W__ h__ __ __

f. Vosotros tenéis — Y__ __ g__ __s h__ __ __

g. Ellos tienen — T__ __ __ h__ __ __

2. Traduce al español

a. I have a very pretty horse.

b. My brother has a very ugly cat.

c. My mother has a very fun dog.

d. My cousins have a very fat hamster.

e. At home, we have a very noisy duck.

f. My friend Paul has a very big turtle.

3. Completa con la forma correcta del verbo *to have*

a. I ____________________ a guinea pig. *Tengo una cobaya.*

b. He __________________ two fish. *Tiene dos peces.*

c. We __________________ a turtle. *Tenemos una tortuga.*

d. My sister _____________ a dog. *Mi hermana tiene un perro.*

e. My aunt and uncle ____________ two cats. *Mi tía y mi tío tienen dos gatos.*

f. They _________________ three horses. *Tienen tres caballos.*

g. My brother and I ________ a snake. *Mi hermano y yo tenemos una serpiente.*

h. Do you guys ___________ pets? *¿Tenéis mascotas?*

4. Traduce al inglés

a. Tengo una cobaya que se llama Gary, tiene tres años.

b. No tenemos animales en casa.

c. Mi perro tiene tres años, es malo.

d. Tengo tres hermanos. Son muy graciosos.

e. Mis primos tienen un pato y una cobaya.

f. Mi tía tiene el pelo largo, rizado y rubio. Es muy guapa.

g. Mi hermano y yo tenemos el pelo negro y los ojos verdes.

Preguntas:
Edad, mascotas y descripciones

1. Une las preguntas con las respuestas

How old are you?	They are eighty years old
Why do you not get on with your mother?	I am nice and talkative
What is her hair like?	I am fifteen years old
How old are your grandparents?	It is green
What colour are your eyes?	Because she is very strict
What is your favourite colour?	I like dogs the most
How are you?	I am fine, thank you
Do you have any pets?	No, because he is stubborn and lazy
What is your favourite animal?	No, I do not have any pets
How many pets do you have?	She has red hair
What is your personality like?	They are blue
What are you like physically?	I have two pets, a cat and a parrot
Do you get on with your father?	It is on 20th June
When is your birthday?	I am short and slim

2. Completa con la palabra que falta

a. __________ are you from?
¿De dónde eres?

b. ____ is Mary's personality like?
¿Cómo es María (de carácter)?

c. __________ old is your father?
¿Cuántos años tiene tu padre?

d. __________ you get on with her?
¿Te llevas bien con ella?

e. __________ is your birthday?
¿Cuándo es tu cumpleaños?

f. __________ is your dog like?
¿Cómo es tu perro?

g. __________many pets do you have?
¿Cuántos animales tienes?

3. Traduce los interrogativos al español

a. Which?

b. When?

c. Where?

d. How?

e. Where (are you from)?

f. Who?

g. How many?

h. Why?

4. Completa

a. H_________ o_____ are y________?

b. W________ is your n___________?

c. W___ is your perso________ l____?

d. H_________ is y_________ sister?

e. W________ is her n____________?

f. W________ is your b___________?

5. Traduce al español

a. What's your name?

b. How old are you?

c. What is your hair like?

d. What is your favourite animal?

e. Do you get on well with your father?

f. Why do you not get on well with your mother?

GRAMÁTICA RÁPIDA

EL ARTÍCULO INDEFINIDO *A / AN*

El artículo indefinido ***a*** (un/una) no tiene plural en inglés y no varía con el género del nombre, como en español.
Sin embargo, se escribe ***an*** delante de una vocal. Solo tienes que recordar esto:

- Se utiliza el artículo ***a*** delante de las palabras que comienzan con una consonante:
  a cat / a dog / a lion
- Se utiliza el artículo ***an*** delante de las palabras que comienzan con una vocal:
  an elephant / an animal

Excepto para nuestro amigo el unicornio, porque se escribe *unicorn* (con una u) pero se pronuncia ***you-nicorn***. Así que diremos: ***a*** *unicorn* y no ~~***an***~~ *unicorn.*

LOS NOMBRES INVARIABLES

En inglés hay algunas palabras que tienen la misma forma en singular y en plural. Por ejemplo, las palabras ***fish*** (pez) y ***sheep*** (oveja), conservan la misma forma en plural:

I have ***a*** *red* ***fish*** ➔ *I have* ***two*** *red* ***fish***
We have ***one sheep*** ➔ *We have* ***many sheep***

La palabra ***fishes*** sí que existe en inglés y se utiliza, aunque muy raramente, para designar diferentes especies de peces. Sin embargo, por lo general, es mucho más común decir:

There are many different ***types of fish*** *in the sea* ➔ *Hay muchos* ***tipos de peces*** *diferentes en el mar.*

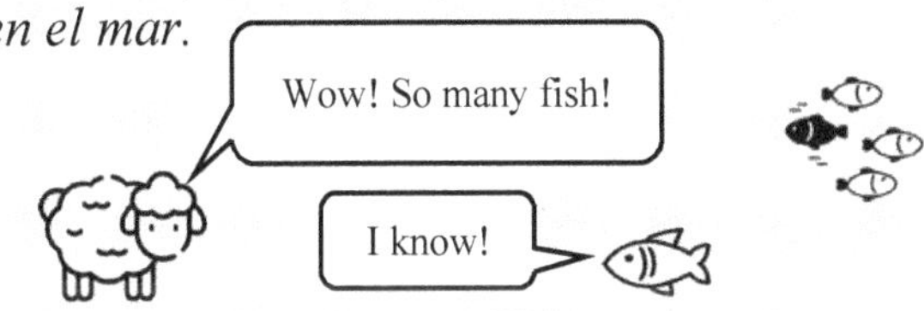

1. Elige entre *a* o *an*

a. I have **a / an** dog called Snoopy.

b. I have **a / an** fish called Nemo.

c. She has **a / an** elephant called Dumbo.

d. He has **a / an** cat called Tom.

e. We have **a / an** ostrich called Oscar.

f. I would like to have **a / an** unicorn.

2. Completa con una palabra adecuada

a. At home, I have two red ______________.

b. My brother has a yellow ______________.

c. At home, we do not have a blue ________.

d. At home, I have a __________________.

e. I would like to have three _____________.

f. I would like to have an ______________.

3. Traduce al inglés. Recuerda que los adjetivos se colocan delante del nombre

a. En mi casa tengo un ratón pequeño y verde que se llama Basil.

b. A mi hermano le gustaría tener un elefante que se llama Babar.

c. Mi hermana tiene dos peces rojos y bonitos que se llaman Rooky y Sandy.

d. En casa tengo un pez rojo que se llama Bubbles y un gato negro que se llama Louis.

e. En mi casa tengo una araña bonita y negra que se llama Itsy, pero no tengo peces.

f. Tengo un caballo grande y marrón que se llama Spirit, pero me gustaría tener un unicornio.

Ni serpientes ni escaleras

SALIDA	1 En casa tengo un pato	2 Mi amigo tiene un conejo	3 No tengo una serpiente en casa	4 No tengo una tortuga	5 No tengo un loro	6 Tengo un perro que se llama Pad	7 Mi amiga tiene un pájaro
15 Mi tía tiene dos mascotas	14 Le gustaría tener un perro	13 Mi padre tiene una araña negra	12 No me gustaría tener un conejo	11 Tiene un ratón blanco	10 Tiene una tortuga verde	9 En casa tengo una gata	8 Me gustaría tener un caballo
16 Mi amigo tiene un caballo marrón	17 En casa temenos 3 mascotas	18 Mi primo tiene un ratón feo	19 Mi hermana tiene un perro feo	20 Me gusta mi gato	21 Me gusta mucho mi caballo	22 No me gusta mi pez	23 Mis padres tienen un gato
LLEGADA	30 Mi abuelo tiene un loro rojo	29 Mi caballo es terco	28 Mi perro es divertido	27 Tengo un conejo llamado Bee	26 Tengo dos peces	25 No tenemos mascotas	24 Tenemos una rata gorda

Ni serpientes ni escaleras

START	1 At home, I have a duck	2 My friend has a rabbit	3 I don't have a snake at home	4 I don't have a turtle	5 I don't have a parrot	6 I have a dog that is called Pad	7 My friend has a bird
15 My aunt has two pets	14 He would like to have a dog	13 My father has a black spider	12 I would not like to have a rabbit	11 She has a white mouse	10 He has a green turtle	9 At home, I have a cat	8 I would like to have a horse
16 My friend has a brown horse	17 At home, we have three pets	18 My cousin has an ugly mouse	19 My sister has an ugly dog	20 I like my cat	21 I like my horse a lot	22 I don't like my fish	23 My parents have a cat
FINISH	30 My grandad has a red parrot	29 My horse is stubborn	28 My dog is fun	27 I have a rabbit called Bee	26 I have two fish	25 We don't have pets	24 We have a fat rat

Unidad 7. Hablar de las mascotas: HABLAR

Traduce cada paso de la pirámide en voz alta con tu pareja. Cuando termines, escribe la traducción en las casillas de abajo.

a. En casa tengo

b. En casa tengo un perro que se llama Snoopy,

c. En casa tengo un perro que se llama Snoopy, pero no tengo tortugas ni peces.

d. En casa tengo un perro que se llama Snoopy, pero no tengo tortugas ni peces. Mi amigo Michael tiene un gato que se llama Diablo. Diablo es muy divertido.

e. En casa tengo un perro que se llama Snoopy, pero no tengo tortugas ni peces. Mi amigo Michael tiene un gato que se llama Diablo. Diablo es muy divertido. Me gustaría tener una cobaya, pero no me gustaría tener una serpiente.

a.
b.
c.
d.
e.

Unidad 7: Hablar de las mascotas

Unidad 7. Hablar de las mascotas: VOCABULARIO (Página 95)

1. Completa con la palabra que falta

a. At home, I have a b**ird.** b. I do not have a r**abbit.** c. I would like to have a d**og.**
d. I would not like to have a t**urtle.** e. At h**ome**, I have a c**at.**

2. Une

a duck – un pato **a mouse** – un ratón **two fish** – dos peces **a cat** – un gato **a turtle** – una tortuga
a fish – un pez **a dog** – un perro **a parrot** – un loro **a bird** – un pájaro **a horse –** un caballo

3. Traduce al español

a. Tengo un perro. b. Mi amiga Connie tiene un gato. c. No tengo animales en casa. d. Tengo tres perros.
e. Me gustaría tener una cobaya. f. Mi hermano tiene una tortuga.

4. Añade la letra que falta

a. My fri**e**nd b. A turt**l**e c. A **p**arrot d. Two f**i**sh e. A fis**h** f. A r**a**bbit g. A du**c**k h. A hor**s**e

5. Anagramas

a. Dog b. Cat c. Turtle d. Fish e. Mouse f. Duck g. Spider h. Horse

6. Palabras rotas

a. At h**ome** I h**ave** a d**og.** b. My f**riend** Teddy h**as** a pa**rrot.** c. My b**rother** h**as** a t**urtle.** d. I d**o** n**ot** h**ave** a r**abbit.**e. I h**ave** a s**nake.**

7. Completa con una palabra adecuada. Acepta otras opciones correctas

a. I **have** ten dogs. b. My **cat/dog/parrot**'s name is Ted. c. My **friend/cousin/father** has a cat.
d. My **mother/father/sister** has a rat. e. At **home** I have a fish. f. At home he **has** a pet.
g. At home, **he/she** has a pet.. h. At home, I **have** a duck

Unidad 7. Hablar de las mascotas: LECTURA (Página 96)

1. Encuentra el inglés para estos términos en el texto de Helen

a. two pets b. who is called c. a cat d. a dog e. very cute f. like my brother g. my parents h. my name is

2. Responde a las siguientes preguntas sobre Helen, Rob, Ariella and Lenny

a. Helen y Rob b. Rob c. Ariella d. Lenny e. Ariella y Lenny

3. Responde a las siguientes preguntas sobre Lenny

a. En Malasia b. Es muy serio e inteligente. c. Ben, su conejo d. Sam e. El conejo de Lenny

4. Completa la tabla

Lenny: 7 años – Malasia – conejo y tortuga - conejo: divertido y energético, tortuga: seria
Ariella: 10 años – Gales – conejo y pato – conejo: tranquilo y agradable, pato: ruidoso y divertido

5. Completa el texto

My **name** is Natasha. I am eleven years old and I l**ive** in Kuala Lumpur. At h**ome** there are five people: my parents, my two s**isters**, called Anna and Liz, and me. Anna is very talk**ative** and friendly. Liz is v**ery** lazy, just like m**e**! At home, we **have** a dog called Lily. Lily is very fu**nny** and cl**ever.**

Unidad 7. Hablar de las mascotas: TRADUCCIÓN (Página 97)

1. Traducción incorrecta

a. En mi familia hay cuatro personas y ~~dos~~ **tres** animales .

b. En casa tenemos dos animales: un perro y ~~un ratón~~ **un conejo.**

c. Mi amigo Paul tiene ~~una tortuga~~ **un pato** que se llama Kura. Kura es muy ~~divertida~~ **aburrida.**

d. ~~Mi hermano~~ **Mi hermana** tiene un ~~caballo~~ **loro** que se llama Flash.

e. ~~Mi madre~~ **Mi padre** tiene ~~un pájaro~~ **una rana** que se llama Nicole.

2. Traduce al español

a. Un gato divertido b. Un perro mono c. Un pato gris d. Una tortuga aburrida e. Un caballo bonito f. Un ratón energético g. Una cobaya curiosa h. Tengo dos mascotas i. En casa, tenemos dos mascotas j. Me gustaría tener un perro. k. Me gustaría tener un pez.

l. Tengo una tortuga, pero me gustaría tener una serpiente.

3. Traducción: frases cortas

a. A boring dog b. A brown duck c. At home d. We have e. A pretty horse f. A curious cat g. I have h. I do not have i. I would like to have

4. Traducción: frases completas

a. My brother has a horse called Ray. Ray is very big and quite strong.

b. My sister has a turtle. She/It is ugly and she/it is called Tanya.

c. At home, I have a fat hamster called Greasy. Greasy is very clever/intelligent!

d. At home, we have three pets: a duck, a rabbit and a parrot.

e. At home, we have four pets: a cat, a dog, a fish and a hamster.

Unidad 7. Hablar de las mascotas: ESCRITURA (Página 98)

1. Frases rotas

I have a dog **called Woofy.** At home, we have **a grey turtle.** I have two **pets.** I have a **cat.** I would like to **have a spider.** My sister **has a white mouse.** I do not have **any pets.**

2. Reescribe las frases en el orden correcto

a. At home we have three pets. b. I would like to have a mouse. c. I have a cat and a dog. d. My friend Paul has a yellow bird. e. We have a green parrot that is called Coco. f. We have two blue fish.

3. Encuentra y corrige los errores de ortografía

a. At home, I **have** a cat and a dog. b. I have a **black mouse.** c. I would like to have **a** snake. d. My sister **has** a white cat. e. My friend Peter has two fi**sh.** f. My **horse** is called Spirit. g. I **have** a brown hamster. h. **At** home, we have two ducks.

4. Anagramas: mascotas

a. dog b. cat c. mouse d. duck. e. rabbit f. turtle g. bird

5. Escritura guiada

Paul: My name is Paul. I have a white dog and he/she/it is four years old. He/She/It is affectionate.

Leo: My name is Leo. I have a green duck and he/she/it is six years old. He/She/It is fun.

Mike: My name is Mike. I have a brown horse and he/she/it is one year old. He/She/It is pretty.

6. Describe a Robert en la tercera persona

His name is Robert. He has short, blond hair and he has green eyes. He is tall and strong, and he is very nice. He has a dog, a cat, two fish, and he would like to have a spider.

Gramática 3: verbo TO HAVE: mascotas y descripciones (Página 99)

1. Completa con las letras que faltan

a. I ha**ve** b. Y**ou** have c. H**e** h**as** d. Sh**e** h**as** e. W**e** h**ave** f. Y**ou** h**ave** g. T**hey** h**ave**

2. Traduce al español

a. Tengo un caballo muy bonito. b. Mi hermano tiene un gato muy feo.

c. Mi madre tiene un perro muy divertido. d. Mis primos tienen un hámster muy gordo.

e. En casa tenemos un pato muy ruidoso.

f. Mi amigo Paul tiene una tortuga muy grande.

3. Completa con la forma correcta del verbo *to have*

a. I **have** a guinea pig. b. He **has** two fish. c. We **have** a turtle. d. My sister **has** a dog.

e. My aunt and uncle **have** two cats. f. They **have** three horses. g. My brother and I **have** a snake.

h. Do you guys **have** pets?

4. Traduce al inglés

a. I have a guinea pig called Gary, he is three years old. b. We do not have pets at home.

c. My dog is three years old, he is mean. d. I have three brothers. they are very funny.

e. My cousins have a duck and a guinea pig. f. My aunt has long, curly, blond hair. She is very pretty.

g. My brother and I have black hair and green eyes.

Preguntas: edad, mascotas y descripciones (Página 100)

1. Une las preguntas con las respuestas

How old are you?	–	**I am fifteen years old**
Why do you not get on with your mother?	–	**Because she is very strict**
What is her hair like?	–	**She has red hair**
How old are your grandparents?	–	**They are eighty years old**
What colour are your eyes?	–	**They are blue**
What is your favourite colour?	–	**It is green**
How are you?	–	**I am fine, thank you**
Do you have any pets?	–	**No, I do not have any pets**
What is your favourite animal?	–	**I like dogs the most**
How many pets do you have?	–	**I have two pets, a cat and a parrot**
What is your personality like?	–	**I am nice and talkative**
What are you like physically?	–	**I am short and slim**
Do you get on with your father?	–	**No, because he is stubborn and lazy**
When is your birthday?	–	**It is on 20th June**

2. Completa con la palabra que falta

a. **Where** are you from? b. **What** is Mary's personality like? c. **How** old is your father?

d. **Do** you get on with her ? e. **When** is your birthday? f. **What** is your dog like? g. **How** many pets do you have?

3. Traduce los interrogativos al español

a. ¿Cuál/Cuáles? b. ¿Cuándo? c. ¿Dónde? d. ¿Cómo? e. ¿De dónde? f. ¿ Quién? g. ¿Cuántos? h. ¿Por qué?

4. Completa

a. H**ow** **old** are y**ou**? b. W**hat** is your n**ame**? c. W**hat** is your perso**nality** **like**? d. H**ow** is y**our** sister?

e. W**hat** is her n**ame?** f. W**ho**/W**here** is your b**rother**?

5. Traduce al español

a. ¿Cómo te llamas? b. ¿Cuántos años tienes? c. ¿Cómo es tu pelo? d. ¿Cuál es tu animal favorito?

e. ¿Te llevas bien con tu padre? f. ¿Por qué no te llevas bien con tu madre?

Unidad 7. GRAMÁTICA RÁPIDA (Página 101)

1. Elige entre *a* o *an*

a. **a** b. **a** c. **an** d. **a** e. **a** f. **a**

2. Completa con una palabra adecuada

Acepta cualquier respuesta correcta.

3. Traduce al inglés

a. At home, I have a little green mouse called Basil.

b. My brother would like to have an elephant called Babar.

c. My sister has two red and pretty fish that are called Rooky and Sandy.

d. At home, I have a red fish called Bubbles and a black cat called Louis.

e. At home, I have a pretty, black spider called Itsy, but I don't have fish.

f. I have a big brown horse called Spirit, but I would like to have a unicorn.

Unidad 7. Hablar de las mascotas: HABLAR (Página 104)

At home, I have a dog that is called Snoopy, but I do not / don't have turtles nor fish. My friend Michael has a cat called Diablo. Diablo is very fun. I would like to have a guinea pig, but I wouldn't like to have a snake.

UNIDAD 8
Hablar de las profesiones, decir dónde trabaja la gente y por qué les gusta o no les gusta su trabajo
Gramática: verbo TO WORK (trabajar)

En esta unidad aprenderás:

- Las profesiones
- Adjetivos para describir los trabajos
- A decir por qué a la gente le gusta o no le gusta su trabajo
- Los lugares de trabajo
- Palabras para diferentes tipos de edificios
- La conjugación del verbo *to work* (trabajar) en presente

También vas a repasar:

- Los miembros de la familia
- La conjugación del verbo *to be* (ser)
- A describir personas y mascotas

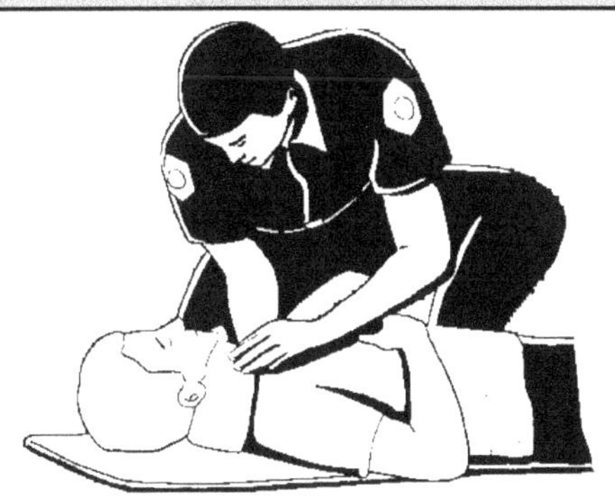

UNIDAD 8
Hablar de las profesiones

My brother *Mi hermano* **My father** *Mi padre* **My uncle** *Mi tío*	**works as** *trabaja de* **is** *es*	**an**	**accountant** *contable* **actor**	**He / She likes it because it is** *A él / ella le gusta porque es* **He / She does not like it because it is** *A él / ella no le gusta porque es* **He / She loves her job because it is** *A él / ella le encanta su trabajo porque es* **He / She hates her job because it is** *Él / Ella odia su trabajo porque es*	**active** *activo* **boring** *aburrido* **difficult / hard** *difícil* **entertaining** *entretenido* **fun** *divertido* **interesting** *interesante* **rewarding** *gratificante* **stimulating** *estimulante* **stressful** *estresante* **very easy** *muy fácil*	**He / She works in** *Él / Ella trabaja en* ↓
		a	**businessman** *hombre de negocios* **chef** *cocinero* **doctor** *médico* **engineer** *ingeniero* **farmer** *granjero* **hairdresser** *peluquero* **househusband** *amo de casa* **lawyer** *abogado* **mechanic** **nurse** *enfermero* **teacher** *profesor*			**a company** *una empresa* **a farm** *una granja* **a garage** *un garaje* **a hospital** *un hospital* **a hotel** *un hotel* **a restaurant** *un restaurante* **a school** *un colegio* **a theatre** *un teatro* **an office** *una oficina* **at home** *en casa* **the city** *la ciudad* **the countryside** *el campo*
My aunt *Mi tía* **My big sister** *Mi hermana mayor* **My mother** *Mi madre*		**an**	**accountant** *contable* **actress** *actriz*			
		a	**businesswoman** *mujer de negocios* **chef** *cocinera* **doctor** *médica* **engineer** *ingeniera* **farmer** *granjera* **hairdresser** *peluquera* **housewife** *ama de casa* **lawyer** *abogada* **mechanic** **nurse** *enfermera* **teacher** *profesora*			

Unidad 8. Hablar de las profesiones: VOCABULARIO

1. Completa con la palabra que falta

a. My father is a ______________________.
Mi padre es abogado.

b. *My mother is a* ______________________.
Mi madre es peluquera.

c. *My brother works as a* ________________.
Mi hermano trabaja de mecánico.

d. *My sister is a* ______________________.
Mi hermana es médica.

e. *My uncle works as an* ________________.
Mi tío trabaja como ingeniero.

2. Une

It's stressful	Es aburrido
It's entertaining	Es activo
It's difficult	Es difícil
It's active	Es entretenido
It's rewarding	Es estresante
It's boring	Es fácil
It's stimulating	Es gratificante
It's easy	Es estimulante

3. Traduce al español

a. My mother is a mechanic.

b. He likes his job.

c. He works in a garage.

d. She does not like her work.

e. My cousin (f) is a hairdresser.

f. She loves her job.

4. Añade la letra que falta

a. It's e__sy
b. Sh__ like__
c. Engin__er
d. __octor
e. It's stress__ul
f. Wor__s a__
g. A n__rse
h. My u__cle

5. Anagramas: profesiones

a. remFar
b. awyLre
c. ocDotr
d. rotcA
e. resstcA
f. Atnntoucca
g. urNes
h. rehceaT

6. Palabras rotas

a. My f________ is a househ______________.
Mi padre es amo de casa.

b. He l_______ h___________ j___________.
Le gusta su trabajo.

c. My b___________ i_______ a f__________.
Mi hermano es granjero.

d. He w______ in t_________ c___________.
Él trabaja en el campo.

e. S____ h__________ h___________ j_____.
Ella odia su trabajo.

f. …b________ i_____ i_____ a____________.
…porque es activo.

7. Completa con una palabra adecuada

a. My mother is a ________________.

b. She likes her ___________________.

c. Because it is ___________________.

d. She works in a _________________.

e. My sister is a___________________.

f. She _____________ like it.

g. …because it is _________________.

h. My _____________ is a doctor.

i. She likes her _____________.

j. He ______________ in a hotel.

Unidad 8. Hablar de las profesiones: LECTURA

My name is Philip. I am twenty and I live in Cork, in Ireland. In my family there are four people. I have a funny dog, Snoopy. My mother works as a doctor in the city. She likes her job because it is rewarding and active. My uncle Daniel is a farmer and he loves his job. Sometimes it is very difficult, but he loves animals.

My name is Simon. In my family there are four people. My father's name is Matt and he is a lawyer. He loves his job because it's interesting. However, sometimes it is stressful. My mum is a housewife. She says it is very rewarding. At home we have a dog called Yoyo. He is very big and fun! He really likes cats.

My name is Sam. I am from London. My favourite person in my family is my mother. She is shy but very nice. My mum is an engineer but now she does not work. She doesn't like my uncle, he is smart, but very mean. My uncle is a teacher, but he hates his job because it is difficult. He works in a school, but he doesn't like children. He has a turtle.

My name is Angie. In my family there are four people. My mother's name is Lucy and she is a hairdresser. She likes her job because it is interesting and active. My dad is a househusband and he likes his job because it is very challenging but rewarding. We do not have any pets, but I would like to have a horse. My cousin has a horse called Fury and he is big and strong. How lucky!

1. Encuentra el inglés para estos términos en el texto de Philip

a. Tengo 20 años.

b. Tengo un perro.

c. Trabaja como…

d. Médico

e. En la ciudad

f. Le gusta su trabajo.

g. Es gratificante.

h. Le encanta su trabajo.

2. Encuentra a alguien que…

a. tenga 20 años.

b. tenga un padre que sea amo de casa.

c. tenga un tío a quien no le gusta su trabajo.

d. tenga una madre que sea médica.

e. tenga un perro que se lleve bien con los gatos.

f. le gustaría tener un caballo.

g. tenga una tortuga.

3. Responde a las siguientes preguntas sobre Sam

a. ¿De dónde es Sam?

b. ¿Quién es su persona favorita en su familia?

c. ¿Qué hace su madre?

d. ¿Por qué a su madre no le gusta el tío de Sam?

e. ¿Por qué su tío odia su trabajo?

4. Rellena los espacios en blanco

My _________ is Mariana and I ____ thirteen. I ________ in New York. My cousin Chris is very t_________ and fun. He is thirty. Chris is a teacher and w______ in a s_________. He lives in Berlin, in Germany. He likes his j_________ because it is a_________ and r___________. At h_________, I h_______ a snake called Terror.

5. Completa la tabla

Nombre	Mariana	Chris
Edad		
Ciudad		
Animal o trabajo		

Unidad 8. Hablar de las profesiones: TRADUCCIÓN

1. Traducción incorrecta: corrige (en español) los errores de traducción

a. My father works as a teacher and he loves his job because it is interesting. He works in a school.
Mi padre trabaja como actor y le encanta su trabajo porque es conmovedor. Trabaja en un teatro.

b. My aunt works as a businesswoman in an office. She likes it, but it is hard.
Mi tía trabaja como mujer de negocios en un garaje. Lo odia, pero es fácil.

c. My friend Frank works as a nurse. He works in a hospital and likes it.
Mi enemigo Frank trabaja como médico. Vive en un hospital y le gusta.

d. My uncle John is a chef in an Italian restaurant, and he likes it.
Mi tío John es abogado en un restaurante italiano y lo odia.

e. My mother Angie is an actress and works in a theatre. She loves her work because it is fun and active.
Mi madre Angie es contable y trabaja en una oficina. Odia su trabajo porque es divertido y aburrido.

3. Traducción: frases cortas

a. Mi hermano mayor

b. Trabaja como

c. Un granjero

d. Le gusta

e. Su trabajo

f. Porque es activo y divertido

2. Traduce al español

a. My uncle works as a…

b. My father does not work.

c. Househusband

d. Nurse (f)

e. Hairdresser (m)

f. Mechanic (f)

g. She loves her work.

h. He works in an office.

i. She works in a theatre.

j. He works in a garage.

k. It is hard, but it is fun.

l. It is rewarding.

4. Traducción: frases completas

a. Mi hermano es mecánico.

b. Mi padre es un hombre de negocios.

c. Mi tío es granjero y lo odia.

d. Mi hermano Darren trabaja de cocinero.

e. Tengo una serpiente llamada Sauron.

f. Tengo un perro que es grande y divertido.

g. Mi tía es enfermera, le gusta porque es gratificante.

Unidad 8. Hablar de las profesiones: ESCRITURA

1. Frases rotas

My brother has	stimulating
My aunt is	as a lawyer
My cousin works	a teacher
He likes	a restaurant
Because it is	a black duck
She works in	his job

2. Reescribe las frases en el orden correcto

a. She her job likes really

b. works in an accountant She as office an

c. He and is househusband a he it likes

d. as uncle farmer My works a

e. works My brother a theatre in

f. My hates his grandfather job

3. Encuentra y corrige los errores

a. My mother is a househusband.

b. It a difficult and boring job.

c. My sister works a hairdresser.

d. She hates her job because it is fun and active.

e. He works a hospital in the city.

f. She really like her job because it is easy.

g. My father hates he job.

4. Anagramas

a. ocDtor

b. warReingd

c. ecahTer

d. eH liesk

e. aFrm

f. euastrRant

g. Stfuresfusl

5. Escritura guiada: escribe 3 párrafos en la primera persona (yo), describiendo a cada una de estas personas

	Relación	Trabajo	Opinión	Razón
Gabriel	Mi padre	Médico	Le encanta	Activo e interesante
Lucy	Mi hermano	Abogado	Odia	Aburrido y stressful
Martha	Mi tía	Granjera	Le gusta	Estimulante y divertido

6. Describe a Madison en la tercera persona (ella)

Nombre: Madison

Pelo: rubio y liso

Físico: alta y delgada

Personalidad: graciosa

Trabajo: enfermera

Opinión: le gusta mucho

Razón: interesante y gratificante

Gramática 4: verbo TO WORK (trabajar)

<table>
<tr><td>I
Yo</td><td>work
trabajo</td><td rowspan="3">as a
de</td><td rowspan="3">businessman/woman
hombre/mujer de negocios
chef
cocinero/a
doctor
médico/a
engineer
ingeniero/a
farmer
granjero/a
hairdresser
peluquero/a</td><td rowspan="3">househusband/wife
amo/a de casa
lawyer
abogado/a
mechanic
mecánico/a
nurse
enfermero/a
plumber
fontanero/a
shop assistant
dependiente
teacher
profesor/a</td></tr>
<tr><td>You
Tú</td><td>work
trabajas</td></tr>
<tr><td>He / She
Él / Ella</td><td>works
trabaja</td></tr>
<tr><td colspan="2">I / You work
He / She works</td><td>*as an
de</td><td colspan="2">accountant contable</td></tr>
<tr><td>We
Nosotros / Nosotras</td><td>work
trabajamos</td><td rowspan="3">as
de</td><td rowspan="3">accountants
contables
businessmen/women
hombres/mujeres de negocios
chefs
cocineros/as
doctors
médicos/as
engineers
ingenieros/as
farmers
granjeros/as
hairdressers
peluqueros/as</td><td rowspan="3">househusbands/wives
amos/as de casa
lawyers
abogados/as
mechanic
mecánicos/as
nurses
enfermeros/as
plumbers
fontaneros/as
shop assistants
dependientes
teachers
profesores/as</td></tr>
<tr><td>You guys / You girls
Vosotros / Vosotras</td><td>work
trabajáis</td></tr>
<tr><td>They
Ellos / Ellas</td><td>work
trabajan</td></tr>
<tr><td colspan="5">*Nota del autor: recuerda que se debe escribir an delante de una vocal.</td></tr>
</table>

1. Elige la respuesta correcta

	A	B
My parents	work	works
My brother	works	work
My sister	works	work
My uncles	works	work
My aunts	work	works
You and I	works	work
We	works	work
You	work	works
My cousins	works	work
She and I	work	works

2. Completa

a. My brother and I d__ n__ __ work.

b. My parents do not w__ __ __.

c. My father w__ __ __ __ as a plumber.

d. My brothers do not w__ __ __.

e. You never w__ __ __!

f. My mo__ __ __ __ wo__ __ __ from home.

g. My un__ __ __ __ wo__ __ as chefs.

h. My girlfriend w__ __ __ __ in a shop.

3. Completa con la forma correcta de *to work*

a. My parents ____________ as nurses. *Mis padres trabajan de enfermeros.*

b. My mother ____________ as a teacher. *Mi madre trabaja de profesora.*

c. My parents __________________. *Mis padres no trabajan.*

d. My father _____________ as a journalist. *Mi padre trabaja de periodista.*

e. My brother does not ___________. *Mi hermano no trabaja.*

f. My sisters do not ________ either. *Mis hermanas tampoco trabajan.*

g. My uncle _____________ as a fireman. *Mi tío trabaja de bombero.*

h. My cousins and I do not ________. *Mis primos y yo no trabajamos.*

i. I ____________________ in a hotel. *Trabajo en un hotel.*

Practica tu gramática conjugando los siguientes verbos

To love	*Querer*
To like	*Gustar*
To eat	*Comer*
To have lunch	*Comer*
To have dinner	*Cenar*
To listen	*Escuchar*
To study	*Estudiar*
To play	*Jugar*
To speak	*Hablar*
To watch	*Ver*

7. Completa los verbos con la letra que falta

a. I lov__ my grandparents. *Quiero a mis abuelos.*

b. They ea__ cereals. *Ellos comen cereales.*

c. She like__ skiing. *Le gusta esquiar.*

d. Do you spea__ Spanish? *¿Hablas español?*

e. Where do you e__t? *¿Dónde comes?*

f. Do you pla__ the guitar? *¿Tocas la guitarra?*

g. I liste__ to rock music. *Escucho música rock.*

Gramática 5: verbo TO BE (ser): profesiones

Presente del verbo TO BE		Trabajos	
MASCULINO / FEMENINO		**Singular**	**Plural**

MASCULINO / FEMENINO	
I	**am** *soy*
You	**are** *eres*
He My father My brother She My sister My mother	**is** *es*
We My father and I My mother and I	**are** *somos*
You all	**are** *sois*
They My brothers My parents My sisters My aunts	**are** *son*

Singular	Plural
an accountant	accountants
an engineer	engineers
a businessman*	businessmen
a businesswoman*	businesswomen
a chef	chefs
a doctor	doctors
a farmer	farmers
a hairdresser	hairdressers
a househusband	househusbands
a housewife	housewives
a lawyer	lawyers
a mechanic	mechanics
a nurse	nurses
a plumber	plumbers
a shop assistant	shop assistants

***Nota del autor:**
A excepción de *businessman / businesswoman* y de *housewife / housewives*, todas las profesiones se escriben de la misma manera en inglés. Para una forma neutra de estos trabajos, es posible decir *businessperson / businesspeople* o *houseperson*.

Verbo TO BE: Ejercicios

1. Une

Yo soy	He is
Nosotros estamos	You are
Ellas son	We are
Vosotros sois	I am
Él es	They are (f)
Tú eres	You guys are

2. Completa con la forma correcta de TO BE

a. My mother and I _____________ doctors.

b. My parents _________________ police officers.

c. My sister ___________________ a nurse.

d. My parents and I _____________ gardeners.

e. ____________________________ you a lawyer?

f. I _________________________ a plumber.

g. They ___________________ not accountants.

h. ____________________________ you models?

i. You __________________________actors, right?

3. Traduce al español

a. We are hairdressers.

b. They are policemen.

c. Are you a fireman?

d. Mary is a dentist.

e. They are workers.

f. I am a policewoman.

g. Are you (f) nurses?

h. We are doctors.

i. My father and I are actors.

j. Are you guys teachers?

k. She is a housewife.

4. Traduce al inglés

a. Mi padre es médico.

b. Mis padres son contables.

c. Mi tío es abogado.

d. Soy profesor.

e. Mis primos son mecánicos.

f. Mi tía es mujer de negocios.

5. Traduce al inglés

a. Mi hermano es alto y guapo. Es actor.

b. Mi hermana mayor es muy inteligente y agradable.

c. Mi hermano pequeño es muy deportista y activo. Es granjero.

d. Mi madre es muy inteligente. Es doctora.

e. Mi padre es muy paciente y tranquilo. Es contable.

f. Mi amiga Lily es muy fuerte. Es mecánica.

GRAMÁTICA RÁPIDA

EL ARTÍCULO INDEFINIDO «a / an»

Recuerda que el artículo indefinido **«a»** (un / una) debe escribirse **«an»** si se coloca delante de una vocal.

Cuando hablamos de nuestro trabajo, decimos en español: *soy médico/etc.*

Sin embargo, en inglés se añade el artículo indefinido **a/an** delante de la profesión, pero **solo en singular**.

Por ejemplo:
- *I am **a** doctor* – Soy médico
- *She is **an** accountant* – Ella es contable

El plural no utiliza *a / an*:
- *We are ~~a~~ teachers* (somos ~~un~~ profesores)

Por tanto, la regla es:
pronombre + verbo ser + <u>a/an</u> + profesión

TRABAJAR DE
TO WORK AS

En inglés, también se puede decir el trabajo con la estructura: ***I work as*** (trabajo de).

La regla es:
pronombre + verbo trabajar + de + <u>a/an</u> + profesión

Por tanto, podemos decir:
- **I am a teacher**
  Soy profesor
- **I work as a teacher**
  Trabajo de profesor

Recuerda que no se añade el artículo indefinido **a/an** en plural.

1. Añade la palabra que falta

a. I mechanic, I work in a garage.

b. My brother a chef, it is entertaining.

c. You are teacher, you work in a school.

d. I a nurse and I work in a hospital.

e. She is engineer, she works in the city.

2. Corrige los errores

a. I am as a teacher, I like it very much.

b. He works a househusband.

c. She works as actress in a theatre.

d. They work as a lawyers in a company.

e. We work doctors, it is rewarding.

f. My older sister work as a chef.

3. Elige la opción correcta

a. I **am doctor / work doctor / work as a doctor** in a hospital. It is very rewarding.

b. My brother works in a company. He **works as a / works / is** lawyer.

c. My parents **are a / work as a / are** farmers. They like it because it is active.

d. My sister **is / works / works as a** businesswoman. She works in an office.

e. I do not **work / am / work as** a chef because it is too stressful.

f. My father **works / works as / is a** househusband. He does not like it because it is boring.

Ni serpientes ni escaleras

SALIDA	1 Mi padre es actor	2 Mi hermana es abogada	3 Mi madre es periodista	4 Le gusta porque es divertido	5 Mi tío es granjero	6 Mi hermana mayor es policía	7 Le gusta su trabajo
15 Mi primo trabaja de médico	14 Le gusta porque es fácil	13 Mi tía es peluquera	12 Lo odia porque es aburrido	11 Trabaja en un bar	10 Mi hermano trabaja en un hotel	9 Soy profesora. Trabajo en un colegio	8 Mi padre es mecánico
16 A Simon le encanta su trabajo porque es activo	17 Mis hermanas son contables	18 Mi prima es actriz	19 Trabaja en un taller	20 Trabaja en una oficina	21 Me encanta mi trabajo	22 Le gusta su trabajo porque es gratificante	23 Mi abuelo es granjero
LLEGADA	30 Mi hermano no trabaja	29 Mis padres no trabajan	28 Trabaja de camarera	27 Mi amiga Anne es profesora	26 Mi trabajo es interesante	25 Trabaja en un hospital	24 Mi tío es médico

Ni serpientes ni escaleras

START	1 My father is an actor	2 My sister is a lawyer	3 My mother is a journalist	4 She likes it because it is fun	5 My uncle is a farmer	6 My older sister is a police officer	7 He likes his job
15 My cousin Works as a doctor	14 He likes it because it is easy	13 My aunt is a hairdresser	12 He hates it because it is boring	11 He works in a bar	10 My brother works in a hotel	9 I am a teacher. I work in a school	8 My dad is a mechanic
16 Simon loves his job because it is active	17 My sisters are accountants	18 My cousin is an actress	19 He works in a garage	20 She works in an office	21 I love my job	22 She likes her job because it is rewarding	23 My grandad is a farmer
FINISH	30 My brother does not work	29 My parents don't work	28 She works as a waitress	27 My friend Anne is a teacher	26 My job is interesting	25 He works in a hospital	24 My uncle is a doctor

Unidad 8. Hablar de las profesiones: HABLAR

Traduce cada paso de la pirámide en voz alta con tu pareja. Cuando termines, escribe la traducción en las casillas de abajo.

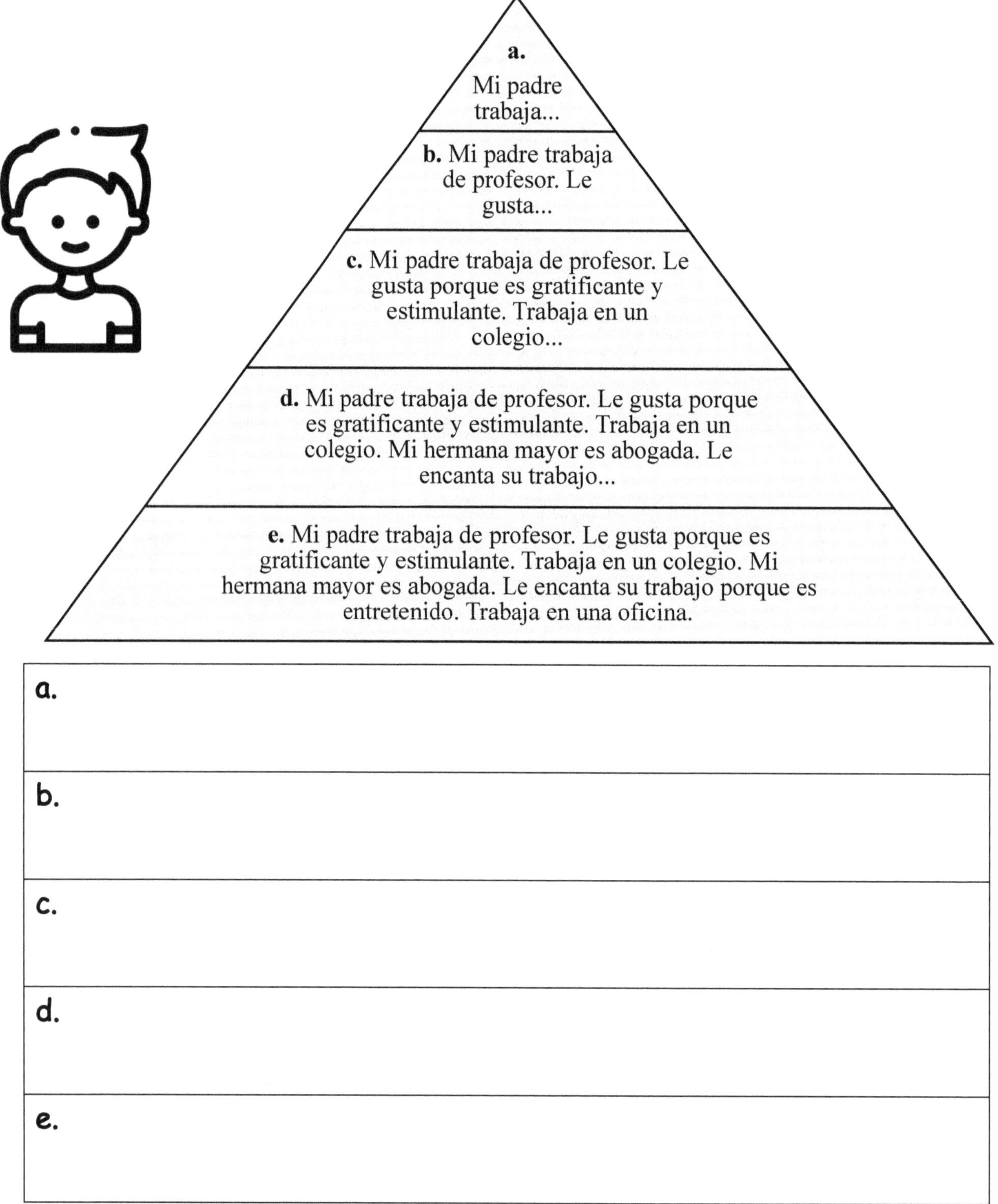

Unidad 8: Hablar de las profesiones

Unidad 8. Hablar de las profesiones: VOCABULARIO (Página 113)

1. Completa con la palabra que falta

a. My father is a **lawyer** b. My mother is a **hairdresser** c. My brother works as a **mechanic**

d. My sister is a **doctor** e. My uncle works as an **engineer**

2. Une

it's stressful – es estresante **it's entertaining** – es entretenido **it's difficult** – es difícil **it's active** – es activo

it's rewarding – es gratificante **it's boring** – es aburrido **it's stimulating** – es estimulante **it's easy** – es fácil

3. Traduce al español

a. Mi madre es mecánica b. Le gusta su trabajo c. Trabaja en un garaje d. No le gusta su trabajo

e. Mi prima es peluquera f. Le encanta su trabajo

4. Añade la letra que falta

a. It's easy b. She likes c. Engineer d. Doctor e. It's stressful f. Works as g. A nurse h. My uncle

5. Anagramas: profesiones

a. Farmer b. Lawyer c. Doctor d. Actor e. Actress f. Accountant g. Nurse h. Teacher

6. Palabras rotas

a. My **father** is a house**husband.** b. He **likes his job.** c. My b**rother** is a f**armer.** d. He w**orks** in t**he countryside** e. S**he hates** her **job** f. …**because it is active**

7. Completa con una palabra adecuada. Acepta otras opciones correctas

a. My mother is a **doctor/engineer.** b. She likes her **job** c. Because it is **rewarding/easy**

d. She works in a **garage/hospital.** e. My sister is a **chef/teacher.** f. She **does not** like it

g. Because it is **stressful/boring** h. My **uncle/aunt** is a doctor. i. She likes her **job** j. He **works** in a hotel

Unidad 8. Hablar de las profesiones: LECTURA (Página 112)

1. Encuentra el inglés para estos términos en el texto de Philip

a. I am twenty. b. I have a dog. c. Works as a d. Doctor e. In the city f. She likes her job g. It's rewarding

h. He loves his job

2. Encuentra a alguien que...

a. Philip b. Angie c. Sam d. Philip e. Simon f. Angie g. El tío de Sam

3. Responde a las siguientes preguntas sobre Sam

a. Londres b. Su madre c. Es ingeniera pero no trabaja d. Porque es malo

e. Es difícil y aburrido (y odia a los niños)

4. Rellena los espacios en blanco

My **name** is Mariana and I **am** thirteen. I **live** in New York. My cousin Chris is very t**all** and fun. He is 30. Chris **is** a teacher and w**orks** in a s**chool**. He lives in Berlin, in Germany. He likes his **job** because it is a**ctive** and r**ewarding.** At h**ome**, I h**ave** a snake called Terror.

5. Completa la tabla

Mariana: Edad – **13** Ciudad – **Nueva York** Animal – **Serpiente**

Chris: Edad – **30** Ciudad – **Berlín** Trabajo – **Profesor**

Unidad 8. Hablar de las profesiones: TRADUCCIÓN (Página 113)

1. Traducción incorrecta

a. Mi padre trabaja de ~~actor~~ **profesor** y realmente le encanta su trabajo porque es ~~conmovedor~~ **interesante.** Trabaja en ~~un teactro~~ **un colegio.**

b. Mi tía trabaja como empresaria en ~~un garaje~~ **una oficina**. ~~Lo odia~~ **le gusta**, pero es ~~fácil~~ **duro**.

c. Mi ~~enemigo~~ **amigo** Frank trabaja de ~~médico~~ **enfermero**. Él ~~vive~~ **trabaja** en un hospital y le gusta.

d. Mi tío John es ~~abogado~~ **chef/cocinero** en un restaurante italiano y ~~lo odia~~ **le gusta**.

e. Mi madre Angie es ~~contable~~ **actriz** y trabaja en ~~una oficina~~ **un teatro**. ~~Odia~~ **Le encanta** su trabajo, porque es divertido y ~~aburrido~~ **activo**.

2. Traduce al español

a. Mi tío trabaja de b. Mi padre no trabaja c. Amo de casa d. Enfermera e. Peluquero f. Mecánica
g. Le encanta su trabajo h. Él trabaja en una oficina. i. Ella trabaja en un teatro. j. Trabaja en un garaje.
k. Es difícil pero es divertido l. Es gratificante

3. Traducción: frases cortas

a. My older/big brother b. Works as a/an c. A farmer d. He likes e. His job f. Because it is active and fun

4. Traducción: frases completas

a. My brother is a mechanic. b. My father is a businessman. c. My uncle is a farmer and he hates it.
d. My brother Darren works as a chef. e. I have a snake called Sauron.
f. I have a dog that is big and funny. g. My aunt is a nurse, she likes it… h. …because it is rewarding

Unidad 8. Hablar de las profesiones: ESCRITURA (Página 114)

1. Frases rotas

My brother has **a black duck** – My aunt is **a teacher** – My cousin works **as a lawyer** – He likes **his job**
Because it is **stimulating** – She works in **a restaurant**

2. Reescribe las frases en el orden correcto

a. She really likes her job b. She works as an accountant in an office c. He is a househusband and he likes it
d. My uncle works as a farmer e. My brother works in a theatre f. My grandfather hates his job

3. Encuentra y corrige los errores

a. My mother is a ~~househusband~~ **housewife.** / My **father** is a househusband. b. It **is** a difficult and boring job.
c. My sister works **as** a hairdresser. d. She ~~hates~~ **likes/loves** her job because it is fun and active.
e. He works **in** a hospital in the city. f. She really like**s** her job because it is easy. g. My father hates ~~he~~ **his** job.

4. Anagramas

a. Doctor b. Rewarding c. Teacher d. He likes e. Farm f. Restaurant g. Stressful

5. Escritura guiada

Gabriel: My name is Gabriel. My father is a doctor. He loves his job because it is active and interesting.
Lucy: My name is Lucy. My brother is a lawyer. He hates his job because it is boring and stressful.
Martha: My name is Martha. My aunt is a farmer. She likes her job because it is stimulating and fun.

6. Describe a Madison en la tercera persona

Her name is Madison. She has straight, blond hair. She is tall and slim, and she is funny. She works as a nurse and she really likes her job because it is interesting and rewarding.

Gramática 4: verbo TO WORK (trabajar) (Página 116)

1. Elige la respuesta correcta

A – A – A – B – A – B – B – A – B – A

2. Completa

a. My brother and I d**o** n**ot** work. b. My parents do not w**ork.** c. My father w**orks** as a plumber.

d. My brothers do not w**ork.** e. You never w**ork**! f. My mo**ther** wor**ks** from home. g. My un**cles** wor**k** as chefs.

h. My girlfriend w**orks** in a shop.

3. Completa los espacios con la forma correcta de *to work*

a. My parents **work** as nurses b. My mother **works** as a teacher. c. My parents **do not work.**

d. My father **works** as a journalist. e. My brother does not **work** f. My sisters do not **work** either.

g. My uncle **works** as a fireman. h. My cousins and I do not **work.** i. I **work** in a hotel.

7. Completa los verbos con la letra que falta

a. I lov**e** my grandparents. b. They ea**t** cereals. c. She like**s** skiing. d. Do you spea**k** Spanish?

e. Where do you e**a**t? f. Do you pla**y** the guitar? g. I liste**n** to rock music.

Verbo TO BE: ejercicios (Página 118)

1. Une

Yo soy – **I am** Nosotros somos – **We are** Ellas son – **They are (f)** Tú eres – **You are** Él es – **He is**

Vosotros sois – **You guys are**

2. Completa con la forma correcta de TO BE

a. My mother and I **are** doctors. b. My parents **are** police officers. c. My sister **is** a nurse.

d. My parents and I **are** gardeners. e. **Are** you a lawyer? f. I **am** a plumber. g. They **are** not accountants.

h. **Are** you models? i. You **are** actors, right?

3. Traduce al español

a. Somos peluqueros/as. b. Son policías. c. Eres bombero? d. Mary es dentista. e. Son obreros.

f. Soy policía. g. ¿Sois enfermeras? h. Somos médicos. i. Mi padre y yo somos actores.

j. ¿Sois profesores? k. Es ama de casa.

4. Traduce al inglés

a. My father is a doctor. b. My parents are accountants. c. My uncle is a lawyer. d. I am a teacher.

e. My cousins are mechanics. f. My aunt is a businesswoman.

5. Traduce al inglés

a. My brother is tall and handsome. He is an actor.

b. My older sister is very intelligent and nice/pleasant.

c. My younger/little brother is very sporty and active. He is a farmer.

d. My mother is very intelligent. She is a doctor.

e. My father is very patient and calm. He is an accountant.

f. My friend Lily is very strong. She is a mechanic.

Unidad 8. GRAMÁTICA RÁPIDA (Página 119)

1. Añade la palabra que falta

a. I **am** a mechanic, I work in a garage. b. My brother **is** a chef, it is entertaining.

c. You are **a** teacher, you work in a school. d. I **am** a nurse and I work in a hospital.

e. She is **an** engineer, she works in the city.

2. Corrige los errores

a. I ~~am~~ **work** as a teacher, I like it very much / **I am a** teacher. b. He works **as** a househusband.

c. She works as **an** actress in a theatre. d. They work as ~~**a**~~ lawyers in a company.

e. We work **as** doctors, it is rewarding. f. My older sister work**s** as a chef.

3. Elige la opción correcta

a. I **work as a doctor** in a hospital. It is very rewarding.

b. My brother works in a company. He **works as a** lawyer.

c. My parents **are** farmers. They like it because it is active.

d. My sister **works as** a businesswoman. She works in an office.

e. I do not **work as** a chef because it is too stressful.

f. My father **is a** househusband. He does not like it because it is boring.

Unidad 8. Hablar de las profesiones: HABLAR (Página 122)

My father works as a teacher. He likes it because it is rewarding and stimulating. He works in a school. My older sister is a lawyer. She loves her job because it is entertaining. She works in an office.

UNIDAD 9
Hablar de la personalidad y el aspecto de las personas y usar el comparativo

En esta unidad aprenderás:

- Cómo utilizar el comparativo (más / menos … que, tan … como)
- Más adjetivos para describir a las personas

También vas a repasar:

- Los miembros de la familia
- Las mascotas
- El físico y la personalidad

UNIDAD 9. Usar el comparativo

He / She My aunt My best friend My boyfriend My brother My cousin My dog My father My friend Paul My girlfriend My grandfather My grandmother My mother My turtle My uncle	**is** *es*	**more** *más* **less** *menos*	**affectionate** *cariñoso/a(s)* **boring** *aburrido/a(s)* **good-looking** *guapo/a(s)* **intelligent** *inteligente(s)* **kind** *amable(s)* **likeable** *agradable(s)*	**than** *que*	me you him / her us you them
		as *tan*	**relaxed** *tranquilo/a(s)* **serious** *serio/a(s)* **talkative** *hablador/a(s)* **unfriendly** *antipático/a(s)*	**as** *que*	
		less *menos*	**funny** *divertido/a(s)* **lazy** *parezoso/a(s)* **nice** *simpatico/a(s)* **noisy** *ruidoso/a(s)* **quiet** *silencioso/a(s)* **short** *bajo/a(s)* **slim** *delgado/a(s)*	**than** *que*	my aunt my best friend my brother my brothers
		not as *no tan*	**sporty** *deportista(s)* **strong** *fuerte(s)* **tall** *alto/a(s)* **ugly** *feo/a(s)* **weak** *débil(es)* **young** *joven(es)*	**as** *que*	my cat my cousin my cousins my duck
They My best friends My brothers My cousins My grandparents My parents My sisters My uncles	**are** *son*	***better** *mejor* **funnier** *más divertido/a(s)* **lazier** *más perezoso/a(s)* **nicer** *más simpático/a(s)* **noisier** *más ruidoso/a(s)* **shorter** *más bajo/a)(s)* **slimmer** *más delgado/a(s)* **sportier** *más deportista* **stronger** *más fuerte)(s)* **taller** *más alto/a(s)* **uglier** *más feo/a(s)* **weaker** *más débil(es)* **younger** *más joven(es)*		**than** *que*	my father my friend my mother my parents my sister my sisters my turtle my uncle my uncles

*** Nota del autor:**
Hay dos tipos de estructuras comparativas.
1. **My sister is MORE / LESS affectionate THAN my brother.**
2. **My brother is FUNNIER than my sister.**

En la segunda estructura, añadimos la terminación –ER al adjetivo: FUNNY - FUNNIER.

Unidad 9. Usar el comparativo: VOCABULARIO

1. Completa con las palabras que faltan

a. My father is taller ________ my brother.	*Mi padre es más alto que mi hermano.*
b. My mother is ________ talkative than me.	*Mi madre es menos habladora que yo.*
c. My sister is ________ than my father.	*Mi hermana es más baja que mi padre.*
d. My cousins are ________ than us.	*Mis primos son más perezosos que nosotros.*
e. My dog is ________ than my cat.	*Mi perro es más ruidoso que mi gato.*
f. My aunt is less ________ than my mother.	*Mi tía es menos guapa que mi madre.*
g. My brother is more ________ than me.	*Mi hermano es más agradable que yo.*
h. My younger brother is as ________ as me.	*Mi hermano menor es tan alto como yo.*

2. Traduce al español

a. My cousin
b. More
c. My uncle
d. My grandparents
e. My sister
f. My best friend
g. My aunt
h. My friend

3. Une

Sporty	Joven
Stupid	Guapo/a
Strong	Agradable
Good-looking	Fuerte
Old	Deportista
Young	Viejo/a
Likeable	Tonto/a

4. Corrige (en español) los errores de traducción

a. He is taller than you.	*Es más alto que yo.*
b. He is as good-looking as me.	*Es tan guapo como tú.*
c. He is stronger than me.	*Es más tranquilo que yo.*
d. I am younger than him.	*Somos menos jóvenes que él.*
e. They are shorter than us.	*Son más altos que nosotros.*
f. She is as old as him.	*Soy tan joven como él.*

5. Completa con una palabra adecuada

a. My mother is ________________ than me.
b. My brother is ________________ than my uncle.
c. My parents are more ___________ than my aunt.
d. My brothers are sportier ________ my sisters.
e. My sister is as noisy ___________ my duck.
f. My sisters are ________________ kind as my parents.
g. My girlfriend is ______________ bcautiful than me.

6. Une con el contrario

Handsome	Small
Noisy	Boring
Young	Ugly
Big	Tall
Fun	Less
Weak	Quiet
More	Old
Short	Strong

Unidad 9. Usar el comparativo: LECTURA

My name is Geoff. I am 20 and I live in York. In my family there are five people: my parents and my two brothers, Philip and Alex. Philip is taller, more handsome and stronger than Alex, but Alex is more friendly, intelligent, and relaxed than Philip.

My parents' names are Anthony and Nina. They are both very nice, but my dad is stricter than my mum. However, my mum is more patient and less stubborn than my father. I am as stubborn as my father.

At home we have two pets: a turtle and a duck. They are both very nice, but my duck is noisier. As noisy as me!

My name is Joe. I am 15 and I live in Sheffield. In my family we are five people: my parents, my two brothers, Ruben and Peter, and me. Ruben is slimmer and sportier than Peter, but Peter is taller and stronger.
My parents' names are Carmen and Josh. I prefer my father because he is less strict than my mother. My mother is also more stubborn than my father.
At home we have two pets: a parrot and a guinea pig. My parrot is much more talkative than my guinea pig. It is as talkative as me!

4. Corrige las frases falsas sobre Joe

a. Joe has three pets

b. Ruben is less fat than Peter

c. Ruben is stronger than Peter

d. Joe is very talkative

e. Joe prefers his mother

My name is Vicky. I am twenty years old, and I live in Luton with my parents and my two sisters, Marina and Veronica. Marina is funnier than Veronica, but Veronica is overall much nicer.
My parents are very affectionate and kind, but my dad is funnier than my mum. My father is also lazier than my mother. I am as active as my father!
At home we have two pets: a dog and a rabbit. Both are very big, but my dog is a bit lazier. As lazy as me!

1. Encuentra el inglés para estos términos en el texto de Geoff

a. Vivo en

b. Mis padres

c. Guapo

d. Tranquilo

e. Menos terca

f. Más paciente

g. Sin embargo

h. Mi pato

i. Dos mascotas

j. Muy amables

k. Tan terco como

2. Completa las siguientes frases sobre Vicky

a. Tiene___________ años.

b. Marina es más ____________ que Veronica.

c. Veronica es más ____________.

d. Mis padres son ____________ y ____________.

e. Soy tan ____________ como mi padre.

f. Tenemos __________ mascotas.

3. Responde a las siguientes preguntas sobre los tres textos

a. ¿Dónde vive Joe?

b. ¿Quién es más estricto, el padre o la madre de Joe?

c. ¿Quién es tan hablador como su loro?

d. ¿Quién es tan ruidoso como su pato?

e. ¿Quién tiene un padre terco?

f. ¿Quién tiene un conejo?

g. ¿Cuáles son las diferencias entre los hermanos de Joe?

Unidad 9. Usar el comparativo: TRADUCCIÓN / ESCRITURA

1. Traduce al español

a. Tall

b. Slim

c. Small

d. Big

e. Intelligent

f. Stubborn

g. Stupid

h. Handsome

i. Funny

j. More … than

k. Less … than

l. Strong

2. Completa las frases

a. My mother is __________ than my ________________.
Mi madre es más alta que mi tía.

b. My father is ___________than my ________________.
Mi padre es más fuerte que mi hermano.

c. My cousins are less ___________ than us.
Mis primos son menos deportistas que nosotros.

d. My dog is _____________ than my ________________.
Mi perro es más perezoso que mi gato.

e. My mother is __________ likeable as my ___________.
Mi madre es tan agradable como mi padre.

f. My sister is ____________ talkative than us.
Mi hermana es más habladora que nosotros.

g. My girlfriend is less ___________ than me.
Mi novia es menos seria que yo.

h. My cat is more ___________ than my dog.
Mi gato es más terco que mi perro.

3. Traducción: frases cortas

a. Mi madre es

b. Más alta que

c. Tan delgada como

d. Menos terco que

e. Soy más bajo que

f. Mis padres son

g. Mis primos son

h. Tan guapo como

i. Son tan fuertes como

j. Mis abuelos son

4. Traducción: frases completas

a. Mi hermana mayor es más alta que yo.

b. Mi padre es tan terco como mi madre.

c. Mi novia es más seria que yo.

d. Soy menos inteligente que mi hermano.

e. Mi mejor amigo es más deportista que yo.

f. Mi novio es más fuerte que yo.

g. Mis primos son más antipáticos que nosotros.

h. Mi pato es más ruidoso que mi gato.

i. Mi perro es más divertido que mi tortuga.

j. Mi conejo es más rápido que mi pájaro.

Revisión rápida 2: familia, mascotas y profesiones

1. Une

Doctor	Obrero
Waiter	Abogado
Journalist	Enfermero
Nurse	Camarero
IT worker	Periodista
Labourer	Médico
Teacher	Profesor
Lawyer	Bombero
Fireman	Informático

2. Clasifica las palabras en las categorías

a. chef b. tall c. plumber d. funny e. small
f. cousin g. teacher h. duck i. uncle j. father
k. blue l. strong m. handsome n. plumber o. mother
p. brother q. rabbit r. brown s. nurse t. cat

Descripción	Animales	Trabajo	Familia

3. Completa con el adjetivo que falta

a. My father is ____________ *gracioso*

b. My mother is ____________ *alta*

c. My brother is ____________ *bajo*

d. My girlfriend is __________ *guapa*

e. My cousin is ____________ *pesado*

f. My teacher is ____________ *aburrido*

4. Completa con las profesiones

a. My father is a ___________ *abogado*

b. My mother is a __________ *enfermera*

c. My friend is a ___________ *periodista*

d. My sister is an __________ *ingeniera*

e. My cousin is a ___________ *estudiante*

f. I work as a _____________ *médico*

g. Michael is a ____________ *camarero*

h. Joseph is a _____________ *profesor*

5. Une con el contrario

Tall	Funny
Good-looking	Stupid
Strong	Short
Boring	Quiet
Intelligent	Ugly
Noisy	Impatient
Bad	Weak
Patient	Good

6. Completa los números

a. Th__ __ __ __ - t__ __ __ __ 33

b. Fo__ __ __ - f __ __ __ 44

c. Si__ __ __ - s __ __ 66

d. Fi__ __ __ - f __ __ __ 55

e. Seve__ __ __ - s __ __ __ __ 77

7. Completa con el verbo correcto

a. My mother ____________ tall.
Mi madre es alta.

b. I ____________________ black hair.
Tengo el pelo negro.

c. I ____________________ as a plumber.
Trabajo de fontanero.

d. My father _____________ forty years old.
Mi padre tiene 40 años.

e. How many people ___ there in your family?
¿Cuántas personas hay en tu familia?

f. My brothers ___________ tall.
Mis hermanos son altos.

g. My sister _____________ not work.
Mi hermana no trabaja.

GRAMÁTICA RÁPIDA

COMPARATIVO DE SUPERIORIDAD

El comparativo de superioridad se utiliza para decir «más que». Hay dos formas:

- Con los **adjetivos largos**, de dos o más sílabas, se utiliza la estructura: **pronombre + verbo TO BE + MORE + adjetivo + THAN + persona**.
  Por ejemplo:
  - He is **more** intelligent **than** me. *Él es más inteligente que yo.*
  - You are **more** talkative **than** me. *Eres más hablador(a) que yo.*

- Con los **los adjetivos cortos**, de una sílaba, se añade la terminación **–er** al adjetivo, seguido de **THAN**.
  Por ejemplos :
  - She is strong**er** than you (strong ➔ strong**er**)
  - I am nic**er** than you (nice ➔ nic**er**)

  Con los adjetivos que terminan en *–y*, debemos cambiar la **y** por la terminacion **-ier**, seguido de **THAN**.
  Por ejemplo:
  - He is funn**ier than** me (funny ➔ funn**ier**)
  - She's happi**er** now (happy ➔ happ**ier**)

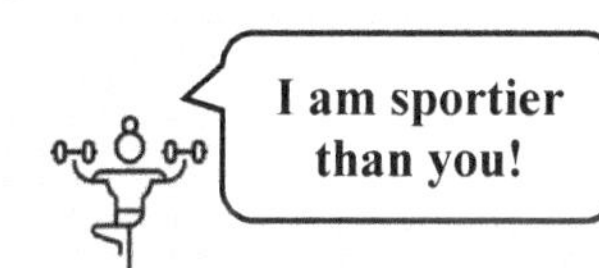

Recuerda que con los **adjetivos de una sílaba** y los **adjetivos que terminan en –y** no se utiliza **MORE**. Así que <u>nunca</u> diremos: *He is ~~more~~ funnier than me,* porque esto se traduciría como *Él es ~~más~~ más divertido que yo.*

1. Traduce al inglés: adjetivos sin cambios

a. He is ***más inteligente que*** my friend Jack.

b. You are ***más guapo que*** my hamster Fluff.

c. I am ***más generoso que*** my uncle Ben.

d. My mother ***es más terca que*** my father.

e. My aunt ***es más cariñosa que*** my father.

f. My brother is ***más aburrido que*** me.

g. I am ***más hablador que*** my older sister.

h. We are ***más serios que*** you guys.

2. Traduce al inglés: adjetivos -er/-ier

a. Soy más deportista que mi hermana Lana.

b. Eres más simpático que mi primo Fred.

c. Mi gato es más grande que mi hámster.

d. Mi tío es más gracioso que mi tía.

e. Ella es más joven que yo.

f. Mi madre es más alta que mi padre.

g. Mi hermano es más bajo que mi hermana.

h. Mi tortuga es más fea que mi pato.

i. Mis padres son más perezosos que yo.

GRAMÁTICA RÁPIDA 

COMPARATIVO DE IGUALDAD

El comparativo de igualdad se utiliza para decir «tan … como».
En inglés, esto se traduce como **AS … AS.** Por ejemplo:

- He is **as** clever **as** me.
  *Él es **tan** inteligente **como** yo.*
- You are **as** stubborn **as** my brother.
  *Eres **tan** terco/a **como** mi hermano.*

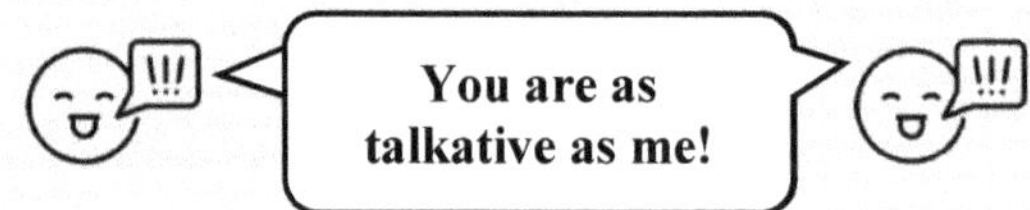

La norma es:
pronombre + verbo TO BE + AS + adjetivo (sin cambios) + AS + persona

COMPARATIVO DE INFERIORIDAD 

El comparativo de inferioridad se utiliza para decir «menos... que».
En inglés: **LESS … THAN.** Por ejemplo:

- He is **less** serious **than** me.
  *Él es **menos** serio **que** yo.*
- You are **less** lazy **than** me.
  *Eres **menos** perezoso **que** yo.*

¿Lo has adivinado? La regla es:
pronombe + verbo TO BE + LESS + adjetivo (sin cambios) + AS + persona

1. Completa las frases: comparativo de igualdad

a. He is ______ lazy ______ me.
Es tan perezoso como yo.

b. She is as __________ ___ my parrot.
Es tan ruidosa como mi loro.

c. I am ____ __________ ___ my father.
Soy tan deportista como mi padre.

d. We are ____ _________ ____ you.
Somos tan divertidos como tú.

e. My uncle ___ ___ ________ ___ my aunt.
Mi tío es tan simpático como mi tía.

f. My brother ___ ___ ______ ___ Arnold.
Mi hermano es tan fuerte como Arnold.

2. Encuentra y corrige los errores: comparativo de inferioridad)

a. I am less sportier than my sister Jane.
Soy menos deportista que mi hermana Jane.

b. You are less talkative my parrot.
Eres menos hablador(a) que mi loro.

c. My fish less ugly than my rat.
Mi pez es menos feo que mi rata.

d. My aunt is less stubborn as my uncle.
Mi tía es menos terca que mi tío.

e. We are less stronger than you guys.
Somos menos fuertes que vosotros.

f. They are less noisier than my dog.
Son menos ruidosos que mi perro.

Ni serpientes ni escaleras

SALIDA	1 Ella es más agradable que yo	2 Él es menos hablador que mi padre	3 Mi hermano es más divertido	4 Mis primos son más ruidosos que mis perros	5 Mi tío es tan aburrido como mi tía	6 Mi gato es más feo que mi perro	7 Soy más alto que mi padre
15 Mi hermano es tan perezoso como yo	14 Ella es menos habladora que yo	13 Mis hermanos son tan simpáticos como yo	12 Él es más guapo que yo	11 Mi hermana es menos seria que mi primo	10 Mi abuelo es tan terco como my tía	9 Mi amigo es más fuerte que yo	8 Mi hermano es más joven que yo
16 Gian es más fuerte que Dylan	17 Mis abuelos son más altos que yo	18 Mi mejor amigo es más bajo que yo	19 Soy tan bajo como mi hermana mayor	20 Mi padre es tan terco como mi madre	21 Ella es más seria que él	22 Soy menos inteligente que mi padre	23 Soy menos aburrida que Lisa
LLEGADA	30 Él es más antipático que ella	29 Ella es menos aburrida que él	28 Ella es tan delgada como él	27 Mis primos son menos deportistas que nosotros	26 Mi primo es tan amable como yo	25 Mi conejo es más gordo que mi pájaro	24 Mi pato es más ruidoso que mi gato

Ni serpientes ni escaleras

START	1 She is more likeable than me	2 He is less talkative than my father	3 My brother is funnier than	4 My cousins are noisier than my dogs	5 My uncle is as boring as my aunt	6 My cat is uglier than my dog	7 I am taller than my father
15 My brother is as lazy as me	14 She is less talkative than me	13 My brothers are as nice as me	12 He is more handsome than me	11 My sister is les serious than my cousin	10 My grandad is as stubborn as my aunt	9 My friend is stronger than me	8 My brother is younger than me
16 Gian is stronger than Dylan	17 My grandparents are taller than me	18 My best friend is shorter than me	19 I am as short as my older sister	20 My father is as stubborn as my mother	21 She is more serious than him	22 I am less intelligent than my father	23 I am les boring than Lisa
FINISH	30 He is more unfriendly than her	29 She is less boring than him	28 She is as Slim as him	27 My cousins are les sporty than us	26 My cousin is as kind as me	25 My rabbit is fatter than my bird	24 My duck is noiser than my cat

Unidad 9. Usar el comparativo: HABLAR

Traduce cada paso de la pirámide en voz alta con tu pareja. Cuando termines, escribe la traducción en las casillas de abajo.

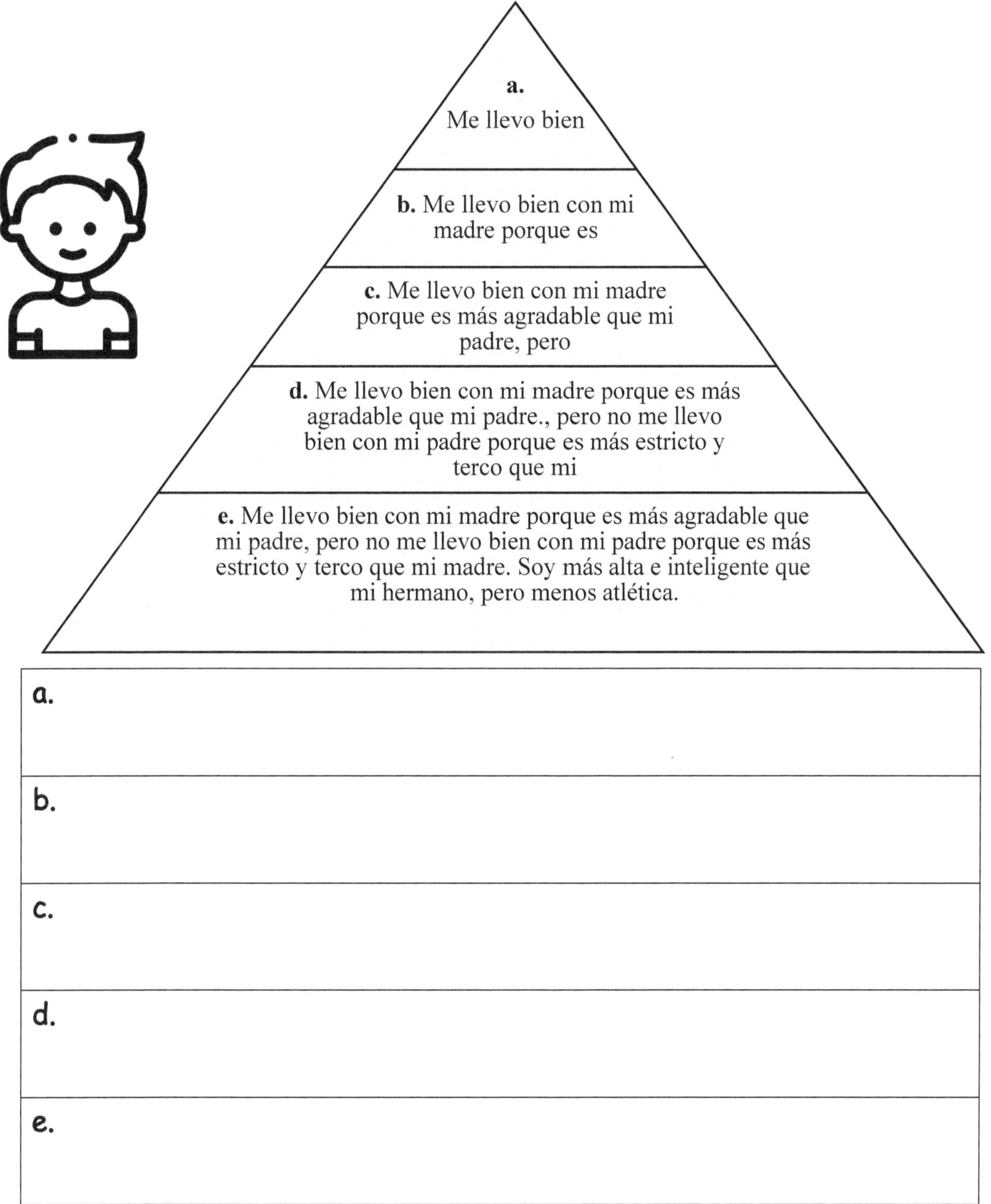

Unidad 9. Hablar de la personalidad y el aspecto de las personas y usar el comparativo

Unidad 9. Usar el comparativo: VOCABULARIO (Página 130)

1. Completa con las palabras que faltan

a. My father is taller **than** my brother. b. My mother is **less** talkative than me.
c. My sister is **shorter** than my father. d. My cousins are **lazier** than us.
e. My dog is **noisier** than my cat.
f. My aunt is less **good-looking** than my mother.
g. My brother is more **likeable** than me. h. My younger brother is as **tall** as me .

2. Traduce al español

a. Mi primo b. Más c. Mi tío d. Mis abuelos e. Mi hermana f. Mi mejor amigo
g. Mi tía h. Mi amigo

3. Une

Sporty – Deportista **Stupid** – Tonto/a **Strong** – Fuerte **Good-looking** – Guapo/a **Old** – Viejo/a
Young – Joven **Likeable** – Agradable

4. Corrige (en español) los errores de traducción

a. Es más alto que ~~yo~~ **tú.** b. Es tan guapo como ~~nosotros~~ **yo.** c. Es más ~~tranquilo~~ **fuerte** que yo.
d. ~~Somos menos jóvenes~~ **Soy más jóven** que él. e. Son más ~~altos~~ **bajos** que nosotros.
f. ~~Soy~~ **Ella es** tan ~~joven~~ **vieja** como él.

5. Completa con una palabra adecuada. Acepta otras opciones correctas

a. My mother is **taller/smaller/nicer** than me. b. My brother is **sportier/lazier/stronger** than my uncle.
c. My parents are more **generous/intelligent/talkative** than my aunt.
d. My brothers are sportier **than** my sisters. e. My sister is as noisy **as** my duck
f. My sisters are **as** kind as my parents. g. My girlfriend is **less/more** beautiful than me.

6. Une con el contrario

Handsome – **Ugly** Noisy – **Quiet** Young – **Old** Big – **Small** Fun – **Boring** Weak – **Strong** More – **Less**
Short – **Tall**

Unidad 9. Usar el comparativo: LECTURA (Página 131)

1. Encuentra el inglés para estos términos en el texto de Geoff

a. I live in b. My parents c. Handsome d. Relaxed e. Less stubborn f. More patient g. However h. My duck
i. Two pets j. Very nice k. As stubborn as

2. Completa las frases leyendo el texto de Vicky

a. Tiene **20** años. b. Marina es más **graciosa** que Veronica. c. Verónica es más **simpática.**
d. Mis padres son **cariñosos** y **amables.** e. Soy tan **activa** como mi padre. f. Tenemos **dos** mascotas.

3. Responde a las siguientes preguntas sobre los tres textos

a. Sheffield b. La madre c. Joe d. Geoff e. Geoff f. Vicky
g. Ruben es más delgado y deportista, Peter es más alto y fuerte.

4. Corrige las frases falsas sobre Joe

a. Joe has ~~three~~ **two** pets. b. - c. Ruben is ~~stronger~~ **weaker** than Peter. d. - e. Joe prefers his ~~mother~~ **father.**

Unidad 9. Usar el comparativo: TRADUCCIÓN / ESCRITURA (Página 132)

1. Traduce al español

a. Alto b. Delgado c. Pequeño d. Grande e. Inteligente f. Terco g. Tonto h. Guapo i. Gracioso j. Más... que k. Menos... que l. Fuerte

2. Completa las frases

a. My mother is **taller** than my **aunt.** b. My father is **stronger** than my **brother.**
c. My cousins are less **sporty** than **us.** d. My dog is **lazier** than my **cat.** e. My mother is **as** likeable as my **father**.
f. My sister is **more** talkative than us. g. My girlfriend is less **serious** than me.
h. My cat is more **stubborn** than my dog.

3. Traducción: frases cortas

a. My mother is b. Taller than c. As slim as d. Less stubborn than e. I am shorter than
f. My parents are g. My cousins are h. As handsome as i. They are as strong as j. My grandparents are

4. Traducción: frases completas

a. My big/older sister is taller than me.
b. My father is as stubborn as my mother.
c. My girlfriend is more serious than me.
d. I am less intelligent than my brother.
e. My best friend is sportier than me.
f. My boyfriend is stronger than me.
g. My cousins are more unfriendly than us.
h. My duck is noisier than my cat.
i. My dog is funnier than my turtle.
j. My rabbit is faster than my bird.

Revisión Rápida 2: familia, mascotas y profesiones (Página 133)

1. Une

Doctor – Médico **Waiter** – Camarero **Journalist** – Periodista **Nurse** – Enfermero **IT worker** – Informático
Labourer – Obrero **Teacher** – Profesor **Lawyer** – Abogado **Fireman** – Bombero

2. Clasifica las palabras en las cateogrías

Descripción: b, d, e, k, l, m, r
Animales: h, q, t
Trabajo: a, c, g, n, s
Familia: f, i, j, o, p

3. Completa con el adjetivo que falta

a. My father is **funny.** b. My mother is **tall.** c. My brother is **short.** d. My girlfriend is **pretty.**
e. My cousin is **annoying.** f. My teacher is **boring.**

4. Completa con las profesiones

a. My father is a **lawyer.** b. My mother is a **nurse.** c. My friend is a **journalist.**
d. My sister is an **engineer.** e. My cousin is a **student.** f. I work as a **doctor.** g. Michael is a **waiter.**
h. Joseph is a **teacher.**

5. Une con el contrario

Tall – **Short** Good-looking – **Ugly** Strong – **Weak** Boring – **Funny** Intelligent – **Stupid** Noisy – **Quiet**
Bad – **Good** Patient – **Impatient**

6. Completa los números

a. Th**irty-three** b. Fo**rty-four** c. Si**xty-six** d. Fi**fty-five** e. Seve**nty-seven**

7. Completa con el verbo correcto

a. My mother **is** tall. b. I **have** black hair. c. I **work** as a plumber. d. My father **is** forty years old.
e. How many people **are** there in your family? f. My brothers **are** tall. g. My sister **does** not work.

Unidad 9. GRAMÁTICA RÁPIDA (Página 133)

1. Traduce al inglés

a. He is **more intelligent than** my friend Jack. b. You are **more handsome than** my hamster Fluff.
c. I am **more generous than** my uncle Ben. d. My mother is **more stubborn than** my father.
e. My aunt **is more affectionate than** my father. f. My brother **is more boring than** me.
g. I am **more talkative than** my older sister. h. We are **more serious than** you guys.
i. I am **more stubborn than** my dog Scooby.

2. Traduce al inglés

a. I am sportier than my sister Lana. b. You are nicer than my cousin Fred. c. My cat is bigger than my hamster.
d. My uncle is funnier than my aunt. e. She is younger than me. f. My mother is taller than my father.
g. My brother is shorter than my sister. f. My turtle is uglier than my duck. g. My parents are lazier than me.

Unidad 9. GRAMÁTICA RÁPIDA (Página 134)

1. Completa las frases

a. He is **as** lazy **as** me. b. She is as **noisy as** my parrot. c. I am **as sporty as** my father.
d. We are **as funny as** you. e. My uncle **is as nice as** my aunt. f. My brother **is as strong as** Arnold

2. Encuentra y corrige los errores

a. I am less ~~sportier~~ **sporty** than my sister Jane. b. You are less talkative **than** my parrot.
c. My fish **is** less ugly than my rat. d. My aunt is less stubborn ~~as~~ **than** my uncle.
e. We are less ~~stronger~~ **strong** than you guys. f. They are less ~~noisier~~ **noisy** than my dog.

Unidad 9. Usar el comparativo: HABLAR (Página 137)

I get on well with my mother because she is nicer than my father. But I do not get on well with my father because he is stricter and more stubborn that my mother. I am taller and more intelligent than my brother, but less sporty.

UNIDAD 10
Decir qué hay en mi mochila, estuche y aula
Gramática: el verbo TO HAVE (tener)

En esta unidad aprenderás a decir:

- Lo que tienes en la mochila / aula
- El vocabulario de los materiales de clase
- El verbo tener (*to have*)

También vas a repasar:

- Los colores
- Cómo presentarse (nombre, edad, ciudad, país)
- Las mascotas

UNIDAD 10
Decir qué hay en mi mochila, estuche y aula

	Singular		Singular
In my pencil case *En mi estuche* **In my bag** *En mi mochila* **In my/his/her classroom** *En mi/su clase*	***I do not / don't have a** *No tengo un / una* ***I do not / don't need a** *No necesito un / una* **I have a** *Tengo un / una* **I need a** *Necesito un / una* **There is a** *Hay un / una* ***There is not / isn't a** *No hay un / una*	**black** **blue** **brown** **green** **grey** **orange** **pink** **purple** **red** **white** **yellow**	**book** *libro* **calculator** *calculadora* **chair** *silla* **computer** *ordenador* **dictionary** *diccionario* *****exercise book** *cuaderno* **felt tip pen** *rotulador* **fountain pen** *pluma* **glue stick** *pegamento* **pen** *bolígrafo* **pencil** *lápiz* **planner** *agenda* **pencil sharpener** *sacapuntas* **rubber** *goma* **ruler** *regla* **table** *mesa*
In his/her pencil case *En su estuche* **In his/her bag** *En su mochila*	**My friend Albert has a** *Mi amigo Albert tiene un / una* **My friend Alice does not / doesn't have a** *Mi amiga Alice no tiene un / una* **There is a** ***There is not / isn't a**		
	Plural		**Plural**
In my pencil case / bag / classrom **In his/her pencil case / bag / classroom**	**I do not have <u>any</u>** *No tengo ningún* **I do not need <u>any</u>** *No necesito ningún* ****I have <u>some</u>** *Tengo <u>unos/algunos</u>* **I need <u>some</u>** *Necesito <u>unos/algunos</u>* **There are not <u>any</u>** *No hay ningún* **There are <u>some</u>** *Hay <u>unos/algunos</u>*		**books** *libros* **chairs** *sillas* **felt tip pens** *rotuladores* **pens** *bolígrafos* **pencil cases** *estuches* **pencils** *lápices* **scissors** *tijeras*

Notas del autor:

*** En inglés, se utiliza « *I have A* » tanto para decir que tengo 'UN/UNA' como para decir que no lo tengo e.g. « *I have A pencil* » y « *I do not have A pencil* ». ¡Fácil!**

**** En plural, se dice « *I have SOME scissors* » (tengo unas tijeras) y « *I do not have ANY scissors* » (no tengo tijeras) en forma negativa**

***** ¡Cuidado! Hay que decir « *I have AN exercise book* » ya que la palabra comienza con una vocal**

Unidad 10. Decir qué hay en mi mochila, estuche y aula: VOCABULARIO

1. Completa con la palabra que falta

a. I have an ______________. *Tengo un cuaderno.*

b. I need a _______________. *Necesito una goma.*

c. I do not have a __________. *No tengo un bolígrafo.*

d. My friend ______________. *Mi amigo tiene un libro.*

e. I have a _______________. *Tengo una calculadora.*

f. I need a ________________. *Necesito una silla.*

g. I do not have a __________. *No tengo una regla.*

2. Une

I need	Tengo un
A chair	Necesito
I have a	Un bolígrafo
A planner	No tengo un
A pencil	Una goma
A rubber	Una agenda
A pen	Una silla
I don't have a	Un lápiz

3. Traduce al español

a. I have a rubber.

b. My friend has a planner.

c. I do not have an exercise book.

d. I do not have a pencil sharpener.

e. I need a felt tip pen.

f. There is a computer.

4. Añade las letras que faltan

a. A gl__estick

b. A ru__ber

c. I n__ed

d. I do not have an__

e. A pla__ner

f. My fr__end

g. A ch__ir

h. A t__ble

5. Anagramas

a. enpcil

b. lnanper

c. hciar

d. thiew

e. siscsors

f. kobo

g. rleur

h. rgnee

6. Palabras rotas

a. In my bag, I h_____ a p________________.
En mi mochila tengo un lápiz.

b. In my bag, I have s_______ p___________.
En mi mochila tengo unos lápices.

c. I d________ h___________ a r_________.
No tengo una goma.

d. I n______________ a r_______________.
Necesito una regla.

e. T_________ i_____ a t________________.
Hay una mesa.

f. I h_______ a b_________ p___________.
Tengo un bolígrafo azul.

7. Completa con una palabra adecuada

a. I have a __________.

b. I _______________ a pencil.

c. I like the colour _________.

d. ________________ a computer.

e. A green ________________.

f. A red ___________________.

g. I have a pencil __________.

h. ________________ a ruler.

i. He ______________ have a pen.

Unidad 10. Decir qué hay en mi mochila, estuche y aula: LECTURA

My name is Ray. I am 12 and I live in Ontario, Canada. In my family there are four people. I also have a white cat. In my bag, I have a lot of things: a red pen, a yellow pencil, a pink ruler and a rubber. My friend Lucy only has one thing in her pencil case: a pencil. At home, she has a horse.

My name is Andrea. I am 15 and I live in London. In my family there are three people. I also have a very funny rabbit. In my class there are a lot of things. There is a whiteboard, a computer and thirty tables. My class is very big. I have a blue pencil, a yellow felt-tip pen, and my friend Martin has pencils of all colours.

My name is Lucas. I am 18 and I live in Belfast. In my family there are five people. My brother's name is Andy. In my classroom there is a whiteboard and twenty tables. There are also twenty chairs, one for each person. My classroom is pretty and my teacher is really fun. However, I do not have any pencils, rulers, or rubbers. I don't have anything. I really need everything.

4. Rellena los espacios en blanco

My _________ __ Matthew. I ____ eight and I _________ in England. In my family, there _________ four people. In my classroom we have a co_________ a wh__________, and thirty t_________. In my pencil _________, I have a rub_________, a blue pen____ and a rul_________.

My name is Benson. I am eleven years old and I live in Abuja, Nigeria. In my family there are four people. I love my mum, but I do not like my dad. He is very strict. He is a lawyer. There are not many things in my classroom. There is no whiteboard or computer. There are twenty-three tables, but only twenty-two chairs. It is a problem! In my pencil case, I have a calculator, a pencil and a planner.

1. Encuentra el inglés para estos términos en el texto de Ray

a. Tengo 12 años.

b. Vivo en Ontario.

c. Hay cuatro personas

d. Un gato blanco

e. Un bolígrafo rojo

f. Un lápiz amarillo

g. En su estuche

2. Encuentra a alguien que...

a. tenga un lápiz amarillo

b. tenga un caballo

c. tenga una buena clase

d. en su clase no tenga pizarra

e. tenga un conejo divertido

f. tenga un padre estricto

3. Responde a las siguientes preguntas sobre Lucas

a. ¿Dónde vive Lucas?

b. ¿Quién es Andy?

c. ¿Cuántas sillas hay en su clase?

d. ¿Cómo describe su clase?

e. ¿Qué material escolar tiene?

f. ¿Qué material escolar necesita?

5. Completa la tabla

Nombre	Ray	Andrea
Edad		
Ciudad		
Material escolar		

Unidad 10. Decir qué hay en mi mochila, estuche y aula: TRADUCCIÓN

1. Traducción incorrecta: corrige (en español) los errores de traducción

a. In my class, there is a whiteboard and a computer. I like my teacher.

En mi clase hay dos pizarras y un ordenador. Me llevo bien con mi profesor.

b. I have many things in my pencil case. I have a red pencil, but I do not have a rubber.

No tengo muchas cosas en mi estuche. Tengo un lápiz rosa, pero no tengo una regla.

c. There are five people in my friend's family. He needs a black pen and a planner.

Hay cuatro personas en la familia de mi amigo. Él necesita un rotulador negro y una agenda.

d. I need a paper and a rubber. I do not have a ruler or a pencil. I hate my teacher!

Necesito un sacapuntas y pegamento. No tengo una regla o un lápiz. ¡Me encanta mi profesora!

2. Traduce al español

a. I need a rubber.

b. I have a black pen.

c. I have a blue pencil.

d. A green ruler

e. I have a dog at home.

f. My friend has a book.

g. My father works as

h. I get on well with my teacher.

i. Yellow pencils

j. A big whiteboard

k. I have many things.

l. I do not have a pencil sharpener.

3. Traducción: frases cortas

a. Un cuaderno rojo

b. Una calculadora negra

c. No tengo

d. Necesito

e. Me gusta

f. Hay

g. Tengo

h. Mi amiga tiene

4. Traducción: frases completas

a. Hay veinte mesas.

b. Hay una pizarra.

c. Mi profesor es simpático.

d. Tengo bolígrafos azules.

e. Tengo lápices naranja.

f. Necesito una goma.

g. Necesito una silla y un libro.

h. Mi clase es muy grande y bonita.

Unidad 10. Decir qué hay en mi mochila, estuche y aula: ESCRITURA

1. Frases rotas

I have a	a fountain pen
I need	like my uncle
My classroom is	has a pencil
There are thirty	felt tip pens
My friend	big
I do not	red pen
I have some	tables

2. Reescribe las frases en el orden correcto

a. I need do not calculator a

b. I have red ruler a black a pencil and

c. very My is big classroom

d. friend pen My black a has

e. planner a blue do not I have

f. home At I have turtle green a

3. Encuentra y corrige los errores de ortografía
En algunos casos, falta una palabra

a. In my classroom there is twenty tables.

b. I have black calculator.

c. In my pencil case, I many pens.

d. My friend do not have anything in his pencil case.

e. I nee a black pencil and a rubber.

f. Ryan has a felt tip pens in his bag.

g. My mother works mechanic. She like it because it is fun.

4. Anagramas

a. cilpen sace

b. nep

c. archi

d. brubre

e. flte pit enp

f. cenpli perahsern

g. lpnnear

5. Escritura guiada: escribe 3 párrafos en la primera persona del singular (yo), describiendo a cada una de estas personas

Nombre	Vive	Tiene	No tiene	Necesita
Natalie	Londres	cuadernos, rotuladores	calculadora	agenda
Irene	Bristol	regla	pegamento	cuaderno
Juliet	Kent	bolígrafos y lápices	diccionario	regla

6. Describe a Denis en la tercera persona (él)

Nombre: Denis

Animal: un caballo negro

Pelo: castaño

Material escolar: bolígrafo, lápiz, regla, goma

No tiene: sacapuntas, calculadora

Color preferido: azul

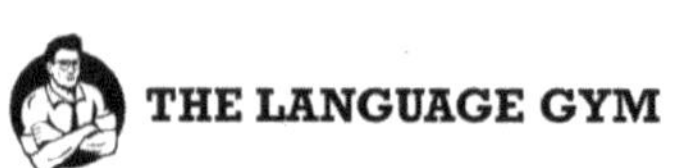

Gramática 6: TO HAVE (tener)

I have	*Yo tengo*	**a boyfriend, a girlfriend**
You have	*Tú tienes*	**a brother, a sister**
He / She has	*Él / ella tiene*	**a cousin**
We have	*Nosotros tenemos*	**a son, a daughter**
You guys have	*Vosotros tenéis*	**an uncle, an aunt**
They have	*Ellos/ellas tienen*	**two brothers, two sisters**
		two grandfathers, two grandmothers
a calculator		**a French class at eleven o'clock**
a computer		**a geography lesson at midday**
a dictionary		**a history class at one o'clock**
a felt tip pen		**a math lesson at two o'clock**
a fountain pen		**a PE class at three o'clock**
a pen		**a science class at nine o'clock**
a pencil case		**a Spanish lesson at ten o'clock**
an exercise book		**an art lesson at eight o'clock**
a cat		**a bird**
a dog		**a fish**
a duck		**a mouse**
a hamster		**a parrot**
a horse		**a rabbit**
some books		**some very good teachers**
some pencils		**some very bad teachers**

	twelve years old	**seventeen years old**
	thirteen years old	**eighteen years old**
I am	**fourteen years old**	**nineteen years old**
	fifteen years old	**twenty years old**
	sixteen years old	**twenty-one years old**

La forma negativa de TO HAVE (tener)

I do not / don't have *Yo no tengo* **You do not have** *Tú no tienes* **He/she does not have** *Él / Ella no tiene*	**We do not have** *Nosotros no tenemos* **You guys do not have** *Vosotros no tenéis* **They do not have** *Ellos / Ellas no tienen*
a book **a calculator** **a computer** **a dictionary** **a fountain pen** **a pencil case** **an exercise book**	**a boyfriend, a girlfriend** **a brother, a sister** **a cousin** **a son, a daughter** **an uncle, an aunt** **two brothers, two sisters** **two grandfathers, two grandmothers**
a French class at eleven o'clock **a geography lesson at midday** **a history class at one o'clock** **a math lesson at two o'clock** **a PE class at three o'clock** **a science class at nine o'clock** **a Spanish lesson at ten o'clock** **an art lesson at eight o'clock**	**a bird** **a cat** **a dog** **a duck** **a fish** **a horse** **a mouse** **a parrot** **a rabbit**
any colour pencils **any felt tip pens**	**any bad/good teachers** **any pets**

I am not	**twelve years old** **thirteen years old** **fourteen years old** **fifteen years old** **sixteen years old**	**seventeen years old** **eighteen years old** **nineteen years old** **twenty years old** **twenty-one years old**

Verbo TO HAVE: ejercicios 1

1. Une

We have	Tengo
I have	Tienen
They have	Tienes
You have	Tiene
He / She has	Tenéis
You guys have	Tenemos

2. Completa con las palabras que faltan: mascotas y familia

a. I ________ not ________ pets. *No tengo mascotas.*

b. We ____________ a grey cat. *Tenemos un gato gris.*

c. _________ ______ two turtles. *Tienen dos tortugas.*

d. Do _______ ______ a brother? *¿Tienes un hermano?*

e. Do _______ guys _____ pets? *¿Tenéis alguna mascota?*

f. My _________ _____ a rabbit. *Mi hermano tiene un conejo.*

g. My aunt does not _______ pets. *Mi tía no tiene mascotas.*

3. Completa con la forma correcta del verbo *to have*

I ____________________

You __________________

He / She ______________

We ___________________

You guys ______________

They _________________

4. Añade la forma correcta del verbo *to have*

a. My uncle does not ______ pets.

b. My uncles ___________ two dogs.

c. Now, I _____________ a history class.

d. At midday, we _________ a geography lesson.

e. My brother ___________ a cat.

f. My parents ___________ black hair.

g. My father ____________ grey hair.

5. Completa con una palabra adecuada

a. My ___________ is forty years old.

b. My mother ______ thirty-two years old.

c. My parents ______ blue eyes.

d. My uncle does not have _____________.

e. Do you ________ siblings?

f. You ___________ beautiful hair.

g. I _____________ have any pets.

h. My brother ______ a guinea pig.

6. Traduce al inglés

a. Mi padre tiene los ojos azules.

b. No tengo animales.

c. No tengo un boli verde.

d. En mi mochila tengo una regla.

e. ¿Tenéis rotuladores?

f. Tengo un perro blanco en casa.

g. Mi madre tiene cuarenta años.

h. ¿Tenéis una clase de historia?

Verbo TO HAVE: ejercicios 2

7. Traduce el pronombre y el verbo al inglés

ej. Yo tengo ***I have***

Tú tienes

Él tiene

Ella tiene

Nosotros tenemos

Vosotros tenéis

Ellos tienen

Ellas tienen

8. Traduce al inglés: animales y colores

a. Tenemos un loro azul.

b. Tengo dos tortugas verdes.

c. Mi hermano tiene una cobaya blanca.

d. Mi tío tiene un caballo negro.

e. Mi hermana tiene una araña roja y negra.

f. ¿Tenéis mascotas?

9. Traduce al inglés: la familia

a. No tengo hermanos.

b. Tenemos dos abuelos.

c. Mi madre no tiene hermanas.

d. ¿Tienes hermanos o hermanas?

e. ¿Tienes primos?

f. Él no tiene hermanos.

10. Traduce al inglés: edad

a. Tienen quince años.

b. Tenemos catorce años.

c. Tengo dieciséis años.

d. Tenéis doce años.

e. ¿Cuántos años tienes?

f. Mi madre tiene cuarenta años.

11. Traduce al inglés: el pelo y los ojos

a. Tengo el pelo negro.

b. Tenemos los ojos azules.

c. Ella tiene el pelo rizado.

d. Mi madre tiene el pelo rubio.

e. ¿Tenéis el pelo pelirrojo?

f. Tienen los ojos verdes.

g. Mi hermano tiene los ojos marrones.

h. No tenemos pelo.

i. Tienes los ojos bonitos.

j. Mis padres tienen el pelo negro.

k. No tienes pelo.

l. Mi hermana tiene el pelo muy largo.

Gramática 7: adjetivos

1. Completa la tabla

English	Español
yellow	
	rosa
	gris
green	
red	
	violeta
	azul
black	
	blanco
brown	

2. Traduce al inglés

a. Un lápiz amarillo

b. Un estuche negro

c. Cuadernos rosas

d. Unos rotuladores rojos

e. Un boli azul

f. Dos bolígrafos azules

g. Una mochila naranja

h. Un sacapuntas gris

3. Une los adjetivos opuestos

handsome	weak
big	impatient
tall	stingy
patient	mean
generous	small
nice	short
strong	ugly

4. Completa con el adjetivo que falta

a. I have a _________ schoolbag. *Tengo una mochila roja.*

b. I have a _________ pen. *Tengo un bolígrafo negro.*

c. I have a ___ gluestick. *Tengo pegamento blanco.*

d. I have a ______ ruler. *Tengo una regla amarilla.*

e. I have a ______ pencil. *Tengo un lápiz marrón.*

f. I have _____ scissors. *Tengo unas tijeras verdes.*

g. I have _____ felt tip pens. *Tengo unos rotuladores azules.*

5. Traduce al inglés

a. Un bolígrafo rojo

b. Una regla negra

c. Una mochila verde

d. Un estuche amarillo

e. Dos reglas verdes

f. Dos cuadernos azules

6. Traduce al inglés

a. Tengo un bolígrafo azul y un lápiz negro.

b. Philip tiene una mochila verde.

c. ¿Tienes un estuche blanco?

d. ¿Tenéis un rotulador rojo?

e. Tengo un cuaderno verde y blanco.

f. Tenemos una mochila amarilla.

GRAMÁTICA RÁPIDA

SOME

SOME se traduce en español como **unos / unas** o **algún / alguna.**

Por ejemplo:

- *I have **some** pens* – Tengo **unos / algunos** bolis
- *He has **some** rulers* – Él tiene **unas** / **algunas** reglas
- *She has **some** bonbons* – Ella tiene **unos / algunos** bombones
- *We have **some** water bottles* – Tenemos **unas / algunas** botellas de agua

También se utiliza para hacer preguntas:

- *Do you have **some** pencils for me?* – ¿Tienes **unos / algunos** lápices para mí?
- *Do you have **some** scissors?* – ¿Tienes **unas / algunas** tijeras?

ANY

ANY es el contrario de **SOME** y se traduce en español como **ningún / ninguna**. Se utiliza en las **frases negativas con el plural**.

Por ejemplo:

– *I do not have **any** pens* – No tengo **ningún** bolígrafo.

Recuerda que, en inglés, el singular es:

– *I do not have **a** pen* – No tengo **un** bolígrafo.

También se utiliza para hacer **preguntas con el plural** y para pedir algo:

– *Do you have **any** pens?* – ¿Tienes bolígrafos?

Aunque, en singular: *Do you have **a** pen?*

1. Completa con *some* o *any*

a. I have ___________ red pencils.
Tengo algunos lápices rojos.

b. You do not have ________ books.
No tienes libros.

c. She has _________ books in her bag.
Ella tiene algunos libros en su mochila.

d. We do not have _________ brothers.
No tenemos hermanos.

e. Do you guys have _______ scissors?
¿Tenéis algunas tijeras?

f. No, sorry, we do not have _______.
No, lo siento, no tenemos ninguna.

2. Traduce al inglés

a. Tengo algunos cuadernos en mi mochila...

b. ...pero no tengo ningún diccionario.

c. En mi clase hay algunas sillas...

d. ...pero no hay un ordenador.

e. Siempre tenemos algunos rotuladores...

f. ...pero no tenemos una goma.

g. Tienen algunos lápices rojos...

h. ...pero no tienen una agenda.

i. Tengo algunos bolígrafos...

j. ...pero no tengo gomas.

Ni serpientes ni escaleras

SALIDA	1 En mi estuche hay	2 En mi mochila hay un libro	3 En mi clase hay una mesa	4 Tengo un bolígrafo negro	5 Necesito una goma y una regla	6 No necesito una goma	7 No hay lápices
15 Tengo un bolígrafo rojo	14 En mi clase hay un ordenador	13 Hay una pizarra	12 Hay diez mesas en mi clase	11 No hay ordenadores	10 Tengo unas tijeras pero no tengo una regla	9 No hay un bolígrafo	8 Hay algunas sillas
16 Él necesita un lápiz	17 Tengo algunos lápices	18 No hay ningún libro en mi mochila	19 En mi clase hay ocho sillas	20 En mi estuche tengo una goma	21 Necesito un cuaderno	22 No necesito una goma	23 Tengo un estuche rosa
LLEGADA	30 Tengo una calculadora y una regla	29 Mi novia tiene una agenda	28 Mi hermano no tiene un estuche	27 Me gustaría tener un estuche	26 No tengo una agenda en mi mochila	25 En mi clase hay treinta libros	24 No necesito un rotulador

Ni serpientes ni escaleras

START	1 In my pencil case there is	2 In my bag, there is a book	3 In my classroom there is a table	4 I have a black pen	5 I need a rubber and a ruler	6 I do not need a rubber	7 There aren't any pencils
15 I have a red pen	14 In my classroom there is a computer	13 There is a whiteboard	12 There are ten tables in my classroom	11 There aren't any computers	10 I have scissors but I don't have a ruler	9 There is not a pencil	8 There are some chairs
16 He needs a pencil	17 I have some pencils	18 There are not any books in my bag	19 In my classroom there are eight chairs	20 In my pencil case I have a rubber	21 I need an exercise book	22 I do not need a rubber	23 I have a pink pencil case
FINISH	30 I have a calculator and a ruler	29 My girlfriend has a planner	28 My brother does not have a pencil case	27 I would like to have a pencil case	26 I do not have a planner in my bag	25 In my classroom there are thirty books	24 I do not need a felt tip pen

Unidad 10. Decir qué hay en mi mochila: HABLAR

Traduce cada paso de la pirámide en voz alta con tu pareja. Cuando termines, escribe la traducción en las casillas de abajo.

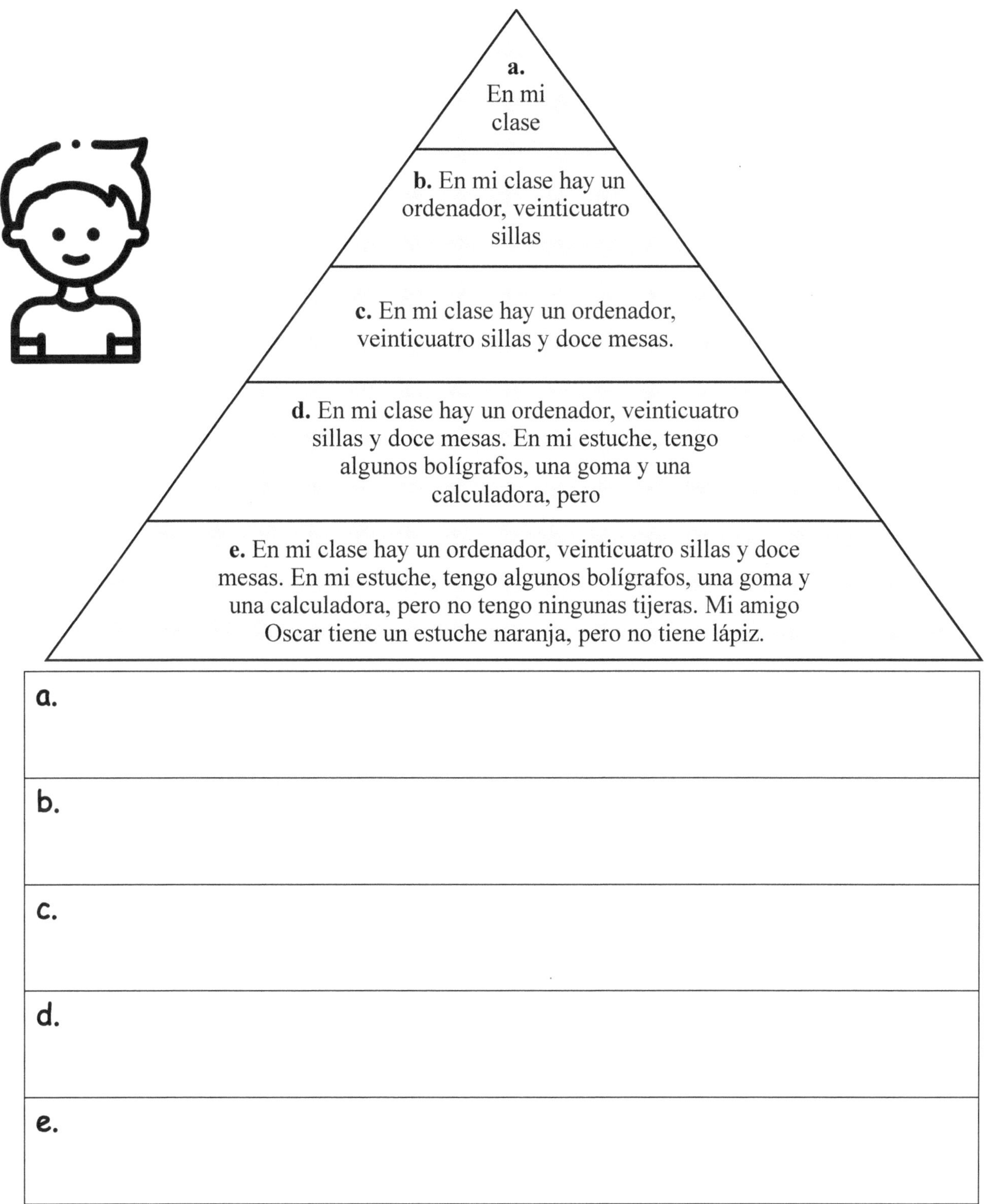

a.
b.
c.
d.
e.

Unidad 10. Decir qué hay en mi mochila, estuche y aula

Unidad 10. Decir qué hay en mi mochila: VOCABULARIO (Página 143)

1. Completa con la palabra que falta

a. I have an **exercise book.** b. I need a **rubber.** c. I do not have a **pen.** d. My friend **has a book.**
e. I have a **calculator.** f. I need a **chair.** g. I do not have a **ruler.**

2. Une

I need – Necesito **A chair** – Una silla **I have a** – Tengo un **A planner** – Un agenda **A pencil** – Un lápiz
A rubber – Una goma **A pen** – Un bolígrafo/boli **I don't have a** – No tengo un

3. Traduce al español

a. Tengo una goma. b. Mi amigo tiene una agenda. c. No tengo un cuaderno. d. No tengo un sacapuntas.
e. Necesito un rotulador. f. Hay un ordenador.

4. Añade las letras que faltas

a. A gl**u**estick b. A ru**b**ber c. I n**e**ed d. I do not have an**y** e. A pla**n**ner f. My fri**e**nd g. A cha**i**r h. A ta**b**le

5. Anagramas

a. Pencil b. Planner c. Chair d. White e. Scissors f. Book g. Ruler h. Green

6. Palabras rotas

a. In my bag, I h**ave** a p**encil** b. In my bag, I have s**ome pencils** c. I d**on't** have a r**ubber**
d. I **need** a **ruler** e. T**here** is a **table** f. I h**ave a** b**lue pen**

7. Completa con una palabra adecuada. Acepta otras opciones correctas

a. I have a **pen/ruler/book.** b. I **have/need/do not have** a pencil. c. I like the colour **blue/pink/red.**
d. **I have/I need/I do not have/There is** a computer. e. A green **pen/pencil** f. A red **pencil case/ruler**
g. I have a pencil **sharpener.** h. **I do not have/I need/I have** a ruler. i. He **does not** have a pen.

Unidad 10. Decir qué hay en mi mochila: LECTURA (Página 144)

1. Encuentra el inglés para estos términos en el texto de Ray

a. I am 12 b. I live in Ontario. c. There are four people d. A white cat e. A red pen f. A yellow pencil
g. In her pencil case

2. Encuentra a alguien que...

a. Ray b. Lucy c. Lucas d. Lucas e. Andrea f. Benson

3. Responde a las siguientes preguntas sobre Lucas

a. Belfast b. Su hermano c. 20 sillas d. Es bonita e. No tiene nada f. Lo necesita todo

4. Rellena los espacios en blanco

My **name is** Matthew. I **am** eight and I **live** in England. In my family, there **are** four people. In my **classroom** we have a co**mputer**, a wh**iteboard** and thirty t**ables.** In my pencil **case**, I have a rub**ber**, a blue pen**cil** and a rul**er.**

5. Completa la tabla

Ray: **Edad** – 12 **Ciudad** – Ontario **Material escolar** – bolígrafo rojo, lápiz amarillo, regla rosa, goma
Andrea: **Edad** – 15 **Ciudad** – Londres **Material escolar** – un lápiz azul y un rotulador amarillo

Unidad 10. Decir qué hay en mi mochila: TRADUCCIÓN (Página 145)

1. Traducción incorrecta

a. En mi clase hay **un**a pizarra y un ordenador. **Me llevo bien con** mi profesor.

b. **Tengo** muchas cosas en mi estuche. Tengo un lápiz **rojo,** pero no tengo una **goma.**

c. Hay **cinco** personas en la familia de mi amigo. Él necesita un **bolígrafo** negro y una agenda.

d. Necesito **un papel** y **una goma**. No tengo una regla o un lápiz. **Odio** a mi profesora.

2. Traduce al español

a. Necesito una goma. b. Tengo un bolígarfo negro. c. Tengo un lápiz azul. d. Una regla verde.
e. Tengo un perro en casa. f. Mi amigo tiene un libro. g. Mi padre trabaja de. h. Me llevo bien con mi profesor.
i. Lápices amarillos j. Una pizarra grande. k. Tengo muchas cosas. l. No tengo un sacapuntas.

3. Traducción: frases cortas

a. A red exercise book. b. A black calculator. c. I do not have d. I need e. I like f. There is / There are
g. I have h. My friend has

4. Traducción: frases completas

a. There are twenty tables. b. There is a whiteboard. c. My teacher is nice. d. I have blue pens.
e. I have orange pencils. f. I need a rubber. g. I need a chair and a book. h. My classroom is very big and pretty.

Unidad 10. Decir qué hay en mi mochila: ESCRITURA (Página 146)

1. Frases rotas

I have a **red pen.** – I need **a fountain pen.** – My classroom is **big.** – There are thirty **tables.**
My friend **has a pencil.** – I do not **get on well my uncle.** – I have some **felt tip pens.**

2. Reescribe las frases en el orden correcto

a. I do not need a calculator. b. I have a black pencil and a red ruler. c. My classroom is very big.
d. My friend has a black pen. e. I do not have a blue planner. f. At home I have a green turtle.

3. Encuentra y corrige los errores de ortografía

a. In my classroom, there **are** twenty tables. b. I have **a** black calculator. c. In my pencil case, I **have** many pens.
d. My friend **does not** have anything in his pencil case. e. I nee**d** a black pencil and a rubber.
f. Ryan has **some** felt tip pens / **a** felt tip **pen** in his bag.
g. My mother works **as a** mechanic. She like**s** it because it is fun.

4. Anagramas

a. pencil case b. pen c. chair d. rubber e. felt tip pen f. pencil sharpener g. planner

5. Escritura guiada

Natalie: My name is Natalie. I live in London. I have exercise books amd felt tip pens, but I do not have a calculator. I need a planner.

Irene: My name is Irene. I live in Bristol. I have a ruler but I do not have a gluestick. I need an exercise book.

Julie: My name is Juliet. I live in Kent. I have pens and pencils, but I do not have a dictionary. I need a ruler.

6. Describe a Denis en la tercera persona:

His name is Denis. He has a black horse. He has light brown hair. He has a pen, a pencil, a ruler and a rubber. He does not have a pencil sharpener nor a calculator. His favourite colour is blue.

Verbo TO HAVE: ejercicios 1 (Página 149)

1. Une

We have – Nosotros tenemos **I have** – Yo tengo **They have** – Ellos tienen **You have** – Tú tienes
He / She has – Él / Ella tiene **You guys have** – vosotros tenéis

2. Completa con las palabras que faltan

a. I **do** not **have** pets. b. We **have** a grey cat. c. **They have** two turtles. d. Do **you have** a brother?
e. Do **you** guys **have** pets? f. My **brother has** a rabbit. g. My aunt does not **have** pets.

3. Completa con la forma correcta del verbo *to have*

I **have** You **have** He / She **has** We **have** You guys **have** They **have**

4. Añade la forma correcta del verbo *to have*

a. My uncle does not **have** pets. b. My uncles **have** two dogs. c. Now, I **have** a history class.
d. At midday, we **have** a geography lesson. e. My brother **has** a cat. f. My parents **have** black hair
g. My father **has** grey hair.

5. Completa con una palabra adecuada. Acepta otras opciones correctas

a. My **mother/father** is forty years old. b. My mother **is** thirty-two years old. c. My parents **have** blue eyes.
d. My uncle does not have **a dog/a pen/a sister.** e. Do you **have** siblings? f. You **have** beautiful hair.
g. I **do not** have any pets. h. My brother **has** a guinea pig.

6. Traduce al inglés

a. My father has blue eyes. b. I do not have any pets. c. I do not have a green pen.
d. In my pencil case, I have a ruler. e. Do you guys have felt tip pens? f. I have a white dog at home.
g. My mother is forty years old. h. Do you guys have a history lesson?

Verbo TO HAVE: ejercicios 2 (Página 150)

7. Traduce el pronombre y el verbo al inglés

Tú tienes – **You have** Él tiene – **He has** Ella tiene – **She has** Nosotros tenemos – **We have**
Vosotros tenéis – **You guys have** Ellos tienen – **They have** Ellas tienen – **They have**

8. Traduce al inglés: animales y colores

a. We have a blue parrot. b. I have two green turtles. c. My brother has a white guinea pig.
d. My uncle has a black horse. e. My sister has a red and black spider. f. Do you guys have pets?

9. Traduce al inglés: la familia

a. I do not have any brothers / siblings. b. We have two grandparents. c. My mother does not have sisters.
d. Do you have brothers or sisters? e. Do you have cousins? f. He does not have brothers / siblings.

10. Traduce al inglés: edad

a. They are fifteen years old. b. We are fourteen years old. c. I am sixteen years old.
d. You guys are twelve years old. e. How old are you? f. My mother is forty years old.

11. Traduce al inglés: el pelo y los ojos

a. I have black hair. b. We have blue eyes. c. She has curly hair. d. My mother has blond hair.
e. Do you guys have red hair? f. They have green eyes. g. My brother has brown eyes.
h. We don't have hair. i. You have pretty eyes. j. My parents have black hair. k. You do not have hair.
l. My sister has very long hair.

Gramática 7: adjetivos (Página 151)

1. Completa la tabla

yellow – amarillo **pink** – rosa **grey** – gris **green** – verde **red** – rojo **purple** – morado **blue** – azul **black** – negro **white** – blanco **brown** – marrón

2. Traduce al inglés

a. a yellow pencil. b. a black pencil case. c. some pink exercise books. d. some red felt tip pens. e. a blue fountain pen. f. two blue pens g. an orange schoolbag h. a grey pencil sharpener

3. Une los adjetivos opuestos

handsome – ugly **big** – small **tall** – short **patient** – impatient **generous** – stingy **nice** – mean **strong** – weak

4. Completa con el adjetivo que falta

a. I have a **red** schoolbag. b. I have a **black** pen. c. I have a **white** gluestick. d. I have a **yellow** ruler. e. I have a **brown** pencil. f. I have **green** scissors. g. I have **blue** felt tip pens.

5. Traduce al inglés

a. A red pen. b. A black ruler. c. A green schoolbag. d. A yellow pencil case. e. Two green rulers. f. Two blue exercise books.

6. Traduce al inglés

a. I have a blue pen and a black pencil. b. Philip has a green schoolbag. c. Do you have a white pencil case? d. Do you guys have a red felt tip pen? e. I have a green and white exercise book. f. We have a yellow schoolbag.

Unidad 10. GRAMÁTICA RÁPIDA (Página 152)

1. Completa con *some* o *any*

a. **some** b. **any** c. **some** d. **any** e. **some** f. **any**

2. Traduce al inglés

a. I have some exercise books in my bag. b. but I do not have any dictionary. c. In my classroom, there are some chairs. d. but there is not a computer. e. We always have some felt tip pens. f. but we don't have a rubber. g. They have some red pencils. h. but they do not have a planner. i. I have some pens. j. but I do not have any rubbers.

Unidad 10. Decir qué hay en mi mochila: HABLAR (Página 155)

In my classroom, there is a computer, twenty-four chairs and twelve tables. In my pencil case, I have some pens, a rubber and a calculator, but I do not have any scissors. My friend Oscar has an orange pencil case, but he does not have a pencil.

AUTOEVALUACIONES

En las siguientes páginas encontrarás una autoevaluación para cada unidad del libro. Pueden utilizarse como autoevaluaciones en clase o como tareas para el final de una unidad. Los estudiantes también pueden utilizarlas para estudiar de forma independiente.

UNIDAD 1: Hablar de mi edad PUNTUACIÓN: /30

1a. Traduce las frases siguientes al inglés (1 punto por cada oración)	
¿Cómo te llamas?	
Me llamo Paul.	
¿Cuántos años tienes?	
Yo tengo cinco años.	
Yo tengo siete años.	
Yo tengo nueve años.	
Yo tengo diez años.	
Yo tengo once años.	
Yo tengo doce años.	
Yo tengo trece años.	
Puntuación	**/10**

1b. Traduce las frases siguientes al inglés (2 puntos para cada oración)	
¿Cómo se llama tu hermano?	
¿Cómo se llama tu hermana?	
Mi hermano se llama William.	
Mi hermana tiene catorce años.	
Mi hermano tiene quince años.	
No tengo hermanos ni hermanas.	
Me llamo John y tengo siete años.	
Tengo un hermano que se llama Philip.	
Mi hermana se llama Diana.	
Me llamo Eleanor y tengo doce años	
Puntuación	**/20**

1a. Traduce las frases siguientes al inglés (1 punto por cada oración)	
Me llamo Samuel.	
Tengo 11 años.	
Tengo 15 años.	
Tengo 14 años.	
El tres de mayo	
El cuatro de abril	
El cinco de junio	
El seis de septiembre	
El 10 de octubre	
El 8 de julio	
Puntuación	**/10**

1b. Traduce las frases siguientes al inglés (2 puntos por cada oración)	
Mi cumpleaños es el veintiún de junio. Tengo trece años.	
Mi hermano se llama Paul y tiene diecinueve años.	
Mi hermana Mary tiene 22 años. Su cumpleaños es el 12 de marzo.	
Mi cumpleaños es el veintitrés de marzo. Tengo catorce años.	
Me llamo David. Mi cumpleaños es el 27 de julio.	
Mi hermano se llama Fred. Su cumpleaños es el 30 de junio.	
¿Cuándo es tu cumpleaños?	
Mi cumpleaños es el 15 de abril. Tengo 13 años.	
Su cumpleaños es el 31 de enero.	
¿Tu cumpleaños es en mayo o en junio?	
Puntuación	**/20**

UNIDAD 3: Describir el pelo y los ojos PUNTUACIÓN: /30

1a. Traduce las frases siguientes al inglés (1 punto por cada oración)	
El pelo negro	
El pelo castaño claro	
El pelo rubio	
Los ojos azules	
Los ojos marrones	
Me llamo Lea.	
Tengo 12 años.	
Tengo el pelo largo.	
Tengo el pelo corto.	
Tengo los ojos verdes.	
Puntuación	**/10**

1b. Traduce las frases siguientes al inglés (2 puntos por cada oración)	
Tengo el pelo pelirrojo y los ojos verdes.	
Tengo el pelo liso y rubio.	
Tengo el pelo negro y rizado.	
Tengo el pelo castaño y los ojos marrones.	
Llevo gafas y tengo el pelo rizado.	
No llevo gafas, pero tengo barba.	
Mi hermano tiene el pelo rubio y bigote.	
Mi hermano tiene 22 años y tiene el pelo rapado.	
¿Llevas gafas?	
Tengo barba y bigote.	
Puntuación	**/20**

UNIDAD 4: Decir dónde vivo y de dónde soy PUNTUACIÓN: /30

1a. Traduce las frases siguientes al inglés (1 punto por cada oración)	
Me llamo…	
Soy de…	
Vivo en…	
En una casa	
En Londres	
En un edificio moderno	
En un edificio antiguo	
En las afueras de la ciudad	
En la ciudad	
En la costa	
Puntuación	**/10**

1b. Traduce las frases siguientes al inglés (2 puntos por cada oración)	
Mi hermano se llama Paul.	
Mi hermana se llama Alexandra.	
Vivo en un edificio antiguo.	
Vivo en un edificio moderno.	
Vivo en un apartamento pequeño en el campo.	
Vivo en una casa bonita en la costa.	
Vivo en una casa vieja en la ciudad.	
Soy de Londres, pero vivo en Dublín.	
Tengo 15 años y soy inglés.	
Soy de Bristol, pero vivo en Ontario, Canadá.	
Puntuación	**/20**

UNIDAD 5: Hablar de los miembros de mi familia PUNTUACIÓN: /30

1a. Traduce las frases siguientes al inglés (1 punto por cada oración)	
Mi hermano menor	
Mi hermano mayor	
Mi hermana mayor	
Mi hermana menor	
Mi padre	
Mi madre	
Mi tío	
Mi tía	
Mi primo	
Mis primos	
Puntuación	**/10**

1b. Traduce las frases siguientes al inglés (2 puntos por cada oración)	
En mi familia hay cinco personas.	
Mi padre, mi madre y mis dos hermanos.	
No me llevo bien con mi hermano mayor.	
Mi hermana mayor tiene 22 años.	
Mi hermana menor tiene 16 años.	
Mi abuelo tiene 78 años.	
Mi abuela tiene 67 años.	
Mi tío tiene 54 años.	
Mi tía tiene cuarenta y cuatro años.	
Mi prima tiene 17 años.	
Puntuación	**/20**

UNIDAD 6: Describir a los miembros de la familia PUNTUACIÓN: /30

1a. Traduce las siguientes palabras al inglés (1 punto)	
Alto	
Bajo	
Feo	
Guapo	
Gordo	
Generoso	
Aburrido	
Inteligente	
Musculoso	
Amable	
Puntuación	**/10**

1b. Traduce las frases siguientes al inglés (2 puntos por cada oración)	
Mi madre es estricta y aburrida.	
Mi padre es simpático pero un poco terco.	
Mi hermana mayor es inteligente y amable.	
Mi hermana menor es deportista.	
En mi familia hay cinco personas.	
Me llevo bien con mi hermana mayor porque es agradable.	
No me llevo bien con mi madre porque es terca.	
Quiero a mis abuelos porque son divertidos.	
¿Cómo son tus padres?	
No me llevo bien con mis tíos.	
Puntuación	**/20**

1a. Traduce las siguientes palabras al inglés (1 punto)	
Un caballo	
Un conejo	
Un perro	
Una tortuga	
Un ratón	
Un pájaro	
Un loro, por favor	
Un pato	
Una cobaya	
Un gato	
Puntuación	**/10**

1b. Traduce las frases siguientes al inglés (3 puntos por frase)	
Tengo un caballo blanco.	
Tengo una tortuga verde.	
En mi casa tenemos dos peces.	
Mi hermana tiene una araña.	
No tengo ningún animal.	
Mi amigo Peter tiene un pájaro azul.	
Mi gato es muy gordo.	
Tengo una serpiente llamada Boa.	
Mi pato es divertido y ruidoso.	
¿Cuántos animales tienes en casa?	
Puntuación	**/30**

UNIDAD 8: Hablar de las profesiones PUNTUACIÓN: /40

1a. Traduce las frases siguientes al inglés (1 punto por cada oración)	
Él es cocinero.	
Él es periodista.	
Ella es camarera.	
Ella es enfermera.	
Ella es granjera.	
Es ama de casa.	
Ella es doctora.	
Él es profesor.	
Es una mujer de negocios.	
Él es peluquero.	
Puntuación	**/10**

1b. Traduce las frases siguientes al inglés (3 puntos por frase)	
Mi tío es cocinero.	
Mi madre es enfermera.	
Mis abuelos no trabajan.	
Mi hermana trabaja de profesora.	
Mi tía es doctora.	
Mi primo es estudiante.	
Mis primos son abogados.	
No le gusta porque es difícil.	
Le gusta porque es gratificante.	
Lo odia porque es estresante.	
Puntuación	**/30**

UNIDAD 9: Usar el comparativo PUNTUACIÓN: /50

1a. Traduce las frases siguientes al inglés (2 puntos por cada oración)	
Es más alto que yo.	
Es más generoso que ella.	
No es tan alto como él.	
Es más delgado que ella.	
Ella es más guapa que él.	
Ella es más habladora que yo.	
Soy más gracioso que él.	
Mi perro es menos ruidoso.	
Mi conejo es más inteligente.	
Es tan habladora como yo.	
Puntuación	**/20**

1b. Traduce las frases siguientes al inglés (3 puntos por frase)	
Mi hermano es más fuerte que yo.	
Mi madre es más baja que mi padre.	
Mi tío es más guapo que mi hermano.	
Mi hermana mayor es más habladora que mi hermana menor.	
Mi hermana y yo somos más altos que mis primas.	
Mi abuelo no es tan estricto como mi abuela.	
Mi amigo Paul es más simpático que yo	
Mi conejo es más grande que mi pato.	
Mi gato es más delgado que mi perro.	
Mi ratón es más rápido que mi tortuga.	
Puntuación	**/30**

UNIDAD 10: Decir qué hay en mi mochila PUNTUACIÓN: /40

1a. Traduce las frases siguientes al inglés (1 punto por cada oración)	
Tengo un bolígrafo.	
Tengo una regla.	
Tengo una goma.	
En mi mochila	
En mi estuche	
Mi amigo se llama Paul.	
Peter tiene un lápiz.	
No tengo un lápiz.	
Un cuaderno rojo	
Un sacapuntas amarillo	
Puntuación	**/10**

1b. Traduce las frases siguientes al inglés (3 puntos por frase)	
Tengo cuatro libros en mi mochila.	
Tengo un estuche verde.	
Tengo una mochila roja.	
No tengo rotuladores negros.	
Tengo dos bolis azules.	
Mi amigo Paul tiene un sacapuntas.	
¿Tiene una goma?	
¿Tienes un bolígrafo rojo?	
¿Hay alguna regla en tu mochila?	
¿Qué hay en tu mochila?	
Puntuación	**/30**

AUTOEVALUACIONES

UNIDAD 1: Hablar de mi edad PUNTUACIÓN: /30

1a. Traduce las frases siguientes al inglés (un punto por cada oración)

¿Cómo te llamas? -- **What is your name?**
Me llamo Paul. – **My name is Paul**
¿Cuántos años tienes? – **How old are you?**
Tengo 5 años. – **I am five years old.**
Tengo 7 años. – **I am seven years old.**
Tengo 9 años. – **I am nine years old.**
Tengo 10 años. – **I am ten years old.**
Tengo 11 años. – **I am eleven years old.**
Tengo 12 años. – **I am twelve years old.**
Tengo 13 años. – **I am thirteen years old.**

1b. Traduce las frases siguientes al inglés (dos puntos por cada oración)

¿Cómo se llama tu hermano ? – **What is your brother called?**
¿Cómo se llama tu hermana ? – **What is your sister called?**
Mi hermano se llama William. – **My brother is called William.**
Mi hermana tiene 14 años. – **My sister is fourteen years old.**
Mi hermano tiene 15 años. – **My brother is fifteen years old.**
No tengo hermanos ni hermanas. – **I do not / don't have brothers or sisters.**
Me llamo John y tengo 7 años. – **My name is John and I am seven years old.**
Tengo un hermano que se llama Philip. – **I have a brother who is called Philip.**
Mi hermana se llama Diana. – **My sister is called Diana.**
Me llamo Eleanor y tengo 12 años. –**My name is Eleanor and I am twelve.**

UNIDAD 2: Decir cuándo es mi cumpleaños PUNTUACIÓN: /30

1a. Traduce las frases siguientes al inglés (un punto por cada oración)

Me llamo Samuel. – **My name is Samuel.**
Tengo 11 años. – **I am eleven years old.**
Tengo 15 años. – **I am fifteen years old.**
Tengo 14 años. – **I am fourteen years old.**
El très de mayo – **Third May** .
El 4 de abril – **Fourth April**
El 5 de junio – **Fifth June**
El 6 de septiembre – **Sixth September**
El 10 de octubre – **Tenth October**
El 8 de julio – **Eighth July**

1b. Traduce las frases siguientes al inglés (dos puntos por cada oración)

Mi cumpleaños es el veintiún de junio. Tengo trece años. – **My birthday is twenty-first June. I am thirteen years old.**
Mi hermano se llama Paul y tiene diecinueve años. – **My brother is called Paul and he is nineteen years old.**
Mi hermana Mary tiene veintidós años. Su cumpleaños es el doce de marzo. – **My sister Mary is twenty-two years old. Her birthday is twelfth March.**
Mi cumpleaños es el veintitrés de marzo. Tengo catorce años. – **My birthday is twenty-third March. I am fourteen.**
Me llamo David. Mi cumpleaños es el 27 de julio. – **My name is David. My birthday is twenty-seventh July.**
Mi hermano se llama Fred. Su cumpleaños es el treinta de junio. – **My brother is called Fred. His birthday is thirtieth June.**
¿Cuándo es tu cumpleaños? – **When is your birthday?**
Mi cumpleaños es el quince de abril. Tengo trece años. – **My birthday is fifteenth April. I am thirteen years old.**
Su cumpleaños es el 31 de enero. – **His birthday is thirty-first January.**
¿Tu cumpleaños es en mayo o en junio? – **Is your birthday in May or in June ?**

UNIDAD 3: Describir el pelo y los ojos PUNTUACIÓN: /30

1a. Traduce las frases siguientes al inglés (un punto por cada oración)

El pelo negro. – **Black hair.**
El pelo castaño. – **Light brown hair.**
El pelo rubio. – **Blond hair**
Los ojos azules. – **Blue eyes**
Me llamo Lea. - **My name is Lea.**
Tengo 12 años. – **I am twelve years old.**
Tengo el pelo largo – **I have long hair.**
Tengo el pelo corto. – **I have short hair.**
Tengo los ojos verdes. – **I have green eyes.**
Tengo los ojos marrones. – **I have brown eyes.**

1b. Traduce las frases siguientes al inglés (dos puntos por cada oración)

Tengo el pelo pelirrojo y los ojos verdes. – **I have red hair and green eyes.**
Tengo el pelo liso y rubio. – **I have straight and blond hair.**
Tengo el pelo negro y rizado. – **I have black and curly hair.**
J'ai les cheveux bruns et les yeux marron. – **I have dark brown hair and brown eyes.**
Llevo gafas y tengo el pelo rizado. – **I wear glasses and I have curly hair.**
No llevo gafas pero tengo barba. – **I do not wear glasses but I have a beard.**
Mi hermano tiene el pelo rubio y tiene bigote. – **My brother has blond hair and he has a moustache.**
Mi hermano tiene veintidós años y tiene el pelo rapado. – **My brother is twenty-two years old and he has shaved hair.**
¿Llevas gafas ? – **Do you wear glasses?**
Mi hermana tiene los ojos azules y el pelo negro y ondulado. – **My sister has blue eyes, and black and wavy hair.**

UNIDAD 4: Decir dónde vivo y de dónde soy PUNTUACIÓN: /30

1a. Traduce las frases siguientes al inglés (un punto por cada oración)

Me llamo – **My name is.**
Soy de. – **I am from.**
Vivo en. – **I live in.**
En una casa. - **In a house.**
En un apartamento moderno. – **In a modern flat.**
En un apartamento antiguo. – **In an old flat.**
A las afueras. – **On the outskirts.**
En la ciudad – **In the city**
En la costa – **On the coast**
En Londres. – **In London.**

1b. Traduce las frases siguientes al inglés (dos puntos por cada oración)

Mi hermano se llama Paul. – **My brother is called Paul.**
Mi hermana se llama Alexandra. – **My sister is called Alexandra.**
Vivo en un edificio antiguo. – **I live in an old building.**
Vivo en un edificio moderno. – **I live in a modern building.**
Vivo en una casa bonita en la costa. – **I live in a beautiful house on the coast.**
Vivo en una casa antigua en la ciudad. – **I live in an old house in the city.**
Soy de Londres, pero vivo en Dublin. – **I am from London, but I live in Dublin.**
Tengo quince años y soy inglés. – **I am fifteen and I am English.**
Soy de Bristol, pero vivo en Ontario, en Canada. – **I am from Bristol, but I live in Ontario, in Canada.**
Vivo en un apartamento pequeño en el campo. – **I live in a small flat in the countryside.**

UNIDAD 5: Hablar de los miembros de mi familia PUNTUACIÓN: /30

1a. Traduce las frases siguientes al inglés (un punto por cada oración)

Mi hermano menor. – **My younger brother.**
Mi hermano mayor. – **My older brother.**
Mi hermana mayor – **My older sister.**
Mi hermana menor– **My younger sister.**
Mi madre. – **My mother.**
Mi padre. – **My father.**
Mi tío. – **My uncle.**
Mi tía. – **My aunt.**
Mi primo. – **My cousin.**
Mis primos. – **My cousins.**

1b. Traduce las frases siguientes al inglés (dos puntos por cada oración)

En mi familia hay cinco personas. – **In my family, there are five people.**
Mi padre, mi madre y mis dos hermanos. – **My father, my mother, and my two brothers.**
No me llevo bien con mi abuelo. – **I do not get on well with my grandfather.**
Mi hermana mayor tiene veintidós años. – **My older sister is twenty-two years old.**
Mi hermana menor tiene dieciseis años. – **My younger sister is sixteen years old.**
Mi abuelo tiene setenta y ocho años. – **My grandfather is seventy-eight years old.**
Mi abuela tiene sesenta y siete años. – **My grandmother is sixty-seven years old.**
Mi tío tiene cincuenta y cuatro años. – **My uncle is fifty-four years old.**
Mi tía tiene cincuenta y cuatro años. – **My aunt is forty-four years old.**
Mi primo tiene diecisiete años. – **My cousin is seventeen years old.**

UNIDAD 6: Describir a los miembros de la familia PUNTUACIÓN: /30

1a. Traduce las frases siguientes al inglés (un punto por cada oración)

Alto/grande. – **Tall / Big.**
Bajo/pequeño. – **Small / Short.**
Feo. – **Ugly.**
Guapo. – **Handsome / Good-looking.**
Aburrido. – **Boring.**
Generoso. – **Generous.**
Inteligente. – **Intelligent.**
Musculoso. – **Muscular.**
Amable. – **Kind.**
Gordo. – **Fat.**

1b. Traduce las frases siguientes al inglés (dos puntos por cada oración)

Mi madre es estricta y aburrida. – **My mother is strict and boring.**
Mi padre es simpático pero un poco terco. – **My father is nice but a bit stubborn.**
Mi hermana mayor es inteligente y amable. – **My older sister is intelligent and likeable.**
Mi hermana menor es deportista. – **My younger sister is sporty.**
En mi familia hay cinco personas. – **In my family, there are five people.**
Me llevo bien con mi hermana mayor porque es simpática. – **I get on well with my older sister because she is nice.**
No me llevo bien con mi madre porque es terca. – **I do not get on well with my mother because she is stubborn.**
Quiero a mis abuelos porque son divertidos. – **I like my grandparents because they are funny.**
¿Cómo son tus padres? – **What are your parents like?**
No me llevo bien con mis tíos. – **I do not get on well with my uncle and my aunt.**

UNIDAD 7: Hablar de las mascotas **PUNTUACIÓN: /40**

1a. Traduce las frases siguientes al inglés (un punto por cada oración)

Un caballo. – **A horse.**
Un conejo. – **A rabbit.**
Un perro. – **A dog.**
Una tortuga. – **A turtle.**
Un pájaro. – **A bird.**
Un loro. – **A parrot.**
Un pato. – **A duck.**
Un conejo de indias. – **A guinea pig.**
Un gato. – **A cat.**
Un ratón. – **A mouse.**

1b. Traduce las frases siguientes al inglés (tres puntos por cada oración)

Tengo un caballo blanco. – **I have a white horse.**
Tengo una tortuga verde. – **I have a green turtle.**
En mi casa tenemos dos peces. – **At home, we have two fish.**
Mi hermana tiene una araña. – **My sister has a spider.**
No tengo animales. – **I do not / don't have (any) pets.**
Mi amigo Peter tiene un pájaro azul. – **My friend Peter has a blue bird.**
Mi gato es muy gordo. – **My cat is very fat.**
Tengo una serpiente que se llama Boa. – **I have a snake that is called Boa.**
Mi pato es divertido y ruidoso. – **My duck is fun and noisy.**
¿Cuántos animales tienes en casa? – **How many pets do you have at home?**

UNIDAD 8: Hablar de las profesiones **PUNTUACIÓN: /40**

1a. Traduce las frases siguientes al inglés (un punto por cada oración)

Él es cocinero. – **He is a chef.**
Él es periodista. – **He is a journalist.**
Ella es camarera. - **She is a waitress.**
Ella es enfermera. – **She is a nurse** .
Él es amo de casa. – **He is a househusband.**
Él es médico. – **He is a doctor.**
El es profesor. – **He is a teacher.**
Ella es mujer de negocios. – **She is a businesswoman.**
Él es peluquero. – **He is a hairdresser.**
Ella es granjera. – **She is a farmer.**

1b. Traduce las frases siguientes al inglés (tres puntos por cada oración)

Mi tío es un cocinero. – **My uncle is a chef.**
Mi madre es enfermera. – **My mother is a nurse.**
Mis abuelos no trabajan. – **My grandparents do not work.**
Mi hermana trabaja como profesora. – **My sister works as a teacher.**
Mi tía es doctora. – **My aunt is a doctor.**
Mi primo es estudiante. – **My cousin is a student.**
Mis primos son abogados. – **My cousins are lawyers.**
No le gusta porque es difícil. – **He does not like it because it is difficult.**
Le gusta porque es gratificante. – **He likes it because it is rewarding.**
Lo odia porque es estresante. – **He hates it because it is stressful.**

UNIDAD 9: Usar el comparativo PUNTUACIÓN: /50

1a. Traduce las frases siguientes al inglés (un punto por cada oración)

Es más alto que yo. – **He is taller than me.**
Él es más generoso que ella. – **He is more generous than her.**
Él es más delgado que ella. – **She is less fat than him.**
Él es más delgado que ella. – **He is slimmer than her.**
Ella es más guapa que él. – **She is more beautiful than him.**
Es más habladora que yo. – **She is more talkative than me.**
Soy más divertido que él. – **I am funnier than him.**
Mi perro es menos ruidoso. – **My dog is less noisy.**
Mi conejo es más inteligente. – **My rabbit is more intelligent.**
Es tan habladora como yo. – **She is as talkative as me.**

1b. Traduce las frases siguientes al inglés (tres puntos por cada oración)

Mi hermano es más fuerte que yo. – **My brother is stronger than me.**
Mi madre es más baja que mi padre. – **My mother is shorter than my father.**
Mi tío es más guapo que mi hermano. – **My uncle is more handsome / good-looking than my brother.**
Mi hermana mayor es más habladora que mi hermana menor. – **My older sister is more talkative than my younger sister.**
Mi hermana y yo somos más altas que mis primas. – **My sister and I are taller than my cousins.**
Mi abuelo es menos estricto que mi abuela. - **My grandfather is less strict than my grandmother.**
Mi amigo Paul es más simpático que yo. – **My friend Paul is nicer than me.**
Mi conejo es más grande que mi pato. – **My rabbit is fatter than my duck.**
Mi gato es más delgado que mi perro. – **My cat is slimmer than my dog.**
Mi ratón es más rápido que mi tortuga. - **My mouse is faster than my turtle.**

UNIDAD 10: Decir qué hay en mi mochila PUNTUACIÓN: /40

1a. Traduce las frases siguientes al inglés (un punto por cada oración)

Tengo un boli. – **I have a pen.**
Tengo una regla. – **I have a ruler.**
Tengo una goma. – **I have rubber.**
En mi mochila. **– In my bag.**
En mi estuche. – **In my pencil case.**
Mi amigo Paul. – **My friend Paul.**
Peter tiene un lápiz. – **Peter has a pencil.**
No tengo un lápiz. **– I do not have a pencil.**
Un cuaderno rojo. – **A red exercise book.**
Un sacapuntas amarillo. – **A yellow pencil sharpener.**

1b. Traduce las frases siguientes al inglés (tres puntos por cada oración)

En mi mochila tengo cuatro libros. – **In my bag, I have four books.**
Tengo un estuche amarillo. – **I have a yellow pencil case.**
Tengo una mochila roja. – **I have a red bag.**
No tengo rotuladores negros. – **I do not have (any) black felt tip pens.**
Tengo dos bolis azules. – **I have two blue pens.**
Mi amigo Paul tiene un sacapuntas. – **My friend Paul has a pencil sharpener.**
¿Tienes una goma? – **Do you have a rubber?**
¿Tienes un bolígrafo rojo? – **Do you have a red pen?**
¿Hay una regla en tu mochila? – **Is there a ruler in your pencil case?**
¿Qué hay en tu mochila? – **What is in your bag?**

www.ingramcontent.com/pod-product-compliance
Lightning Source LLC
LaVergne TN
LVHW071724230826
846093LV00024B/529

* 9 7 8 3 9 4 9 6 5 1 6 4 9 *